La chanson de la page 103 est constituée de deux poèmes d'Andrea Zanzotto et de Giacomo Noventa.

Conception graphique : *Double*

Dépôt légal : octobre 1999
ISBN : 2-02-038229-6
N° 38229-1

Peines de cœur d'une chatte française

d'*Alfredo Arias*
et *René de Ceccatty*
illustré par
Ruben Alterio

Seuil

IMAGINONS dans le ravissant boudoir où se déroule la première page de notre histoire un observateur invisible et indiscret. Il se glisserait derrière notre jeune héroïne, vêtue, avec le plus grand soin et le goût le plus raffiné, d'une robe à volants aux couleurs de ciel d'hiver sur un lac crépusculaire. Il regarderait par-dessus ses épaules enveloppées d'un châle des Indes à longues franges rouge sang. Et il lirait cette triste phrase : « Je reviens de la mort. J'ai survécu à la pire des épreuves. »

Le même observateur contournerait alors le secrétaire, tenterait, toujours invisible, de contempler le visage de cette survivante et découvrirait le minois adorable d'une chatte blonde, aux yeux assurément mélancoliques où perlent deux larmes. Une pour chaque œil doré, comme un éclat d'argent qui tremble avant de s'écraser sur la feuille. Pourquoi tant de désenchantement dans ce beau regard, Minette ? Car Minette est bien le nom de notre élégante chatte.

L'indiscret poursuivrait alors la lecture de la lettre fébrile que Minette, toujours secouée de sanglots, écrit. Le chandelier de cristal cliquette à chaque coup nerveux de plume qui dessine vivement, entre les patins veloutés de la patte blonde de Minette, les lettres parfaites, indiquant une non moins parfaite éducation.

« J'ai perdu la santé. Mes poils ont perdu leur lustre, mes griffes leurs pointes, mes dents leur éclat, mes moustaches leur grâce, mais je retrouve peu à peu mes forces. »

Comme ce visiteur invisible, nous allons accompagner Minette dans ses aventures et tout d'abord, comme lui, nous calfeutrer dans ce chaleureux boudoir où la flamme des chandelles fait valser comme des diables enivrés les ombres sur les tentures de soie, les tapis de Perse, les fauteuils de cuir et de brocart et sur le canapé dont le grand désordre trahit une nuit d'insomnie et de désespoir, nous entrons dans le drame. Quelques flacons à moitié vides ou renversés, fioles médicinales, sirops, potions, indiquent le drame, la maladie…

Minette se penche davantage sur son cahier et, sans relâcher son attention, écrit, écrit aux seuls amis qui lui restent sur la Terre. Car le luxe de son environnement ne la rend pas moins seule.

« Vous comprendrez, mes chers amis, que j'ai lieu, après tant de mésaventures et de désillusions, de considérer le monde d'un autre œil. Ce n'est certes pas une grande consolation, pour une chatte frivole telle que j'ai pu apparaître de loin, que d'accepter la résignation à l'erreur commise. Oui, j'ai agi avec peu de conscience. Je reconnais mon égoïsme, mais cela n'apaise pas ma douleur de m'être fourvoyée et de m'être précipitée dans un monde qui… »

Minette jette alors un regard épouvanté sur le décor qui l'entoure : un boudoir d'ambassade avec des rideaux de velours, des tableaux, des miroirs, des appliques de cuivre, des tapis, des guéridons et le portrait d'une autre chatte raffinée, celui de Beauty.

Beauty est aussi belle que Minette. Mais elle est, précisément, à l'apogée de sa beauté. Une beauté crâneuse, triomphante. Les poils nacrés de sa moustache se dressent au-dessous de son museau de rose. Un fin sourire s'y dessine et ses yeux d'un bleu aux profondeurs marines retiennent le regard des curieux qui s'y arrêtent. Beauty est une séductrice : elle connaît sa beauté, qui lui a joué des tours, mais dont, somme toute, elle demeure satisfaite. Beauty regarde sa cadette, Minette. Beauty sait sur notre amie des choses que nous ne savons pas encore. Car, ainsi postée dans son cadre, elle a assisté à des scènes qui, probablement, expliquent l'état de terrible abattement de l'envoûtante Minette.

Minette laisse un instant son écritoire, pour se lever et se contempler dans le miroir. Elle ne peut résister à un mouvement de coquetterie, mais se ravise. Elle ne se voit même plus à travers un rideau de larmes. La revoici secouée de sanglots, car sa mémoire paraît enflammée par les mots qu'elle écrit. Ainsi reprend-elle la phrase interrompue et le cliquetis des pendentifs de cristal recommence à chaque mouvement saccadé de sa patte. La plume crisse sur le papier comme une griffe qui déchirerait la propre chair de Minette. Les mots, loin de panser sa blessure, l'avivent.

« … n'était pas fait pour moi. Les flatteries n'ont qu'un temps. Celui du pouvoir dans lequel on croit tenir autrui sur une illusion. Je ne suis pas la reine de beauté de l'ambassadrice d'Angleterre en France. Je l'ai été. Vous savez maintenant quel sort atroce m'est réservé. L'époque a tourné. Minette, aimables lecteurs, a dû apprendre la loi du temps, non son poids mais sa légèreté, la fragilité du bonheur, l'éphémère de l'amour. Pourquoi ai-je écouté les vaines promesses d'un cœur volage ? Mais il fallait que la raison enfin l'emportât. »

Minette cache alors sa tête aux épaisses boucles blondes entre ses pattes, n'ayant plus la force de se relire. Puis elle se tourne vers le portrait de Beauty. Beauty est, comme toujours, ravie qu'on la regarde. Sentant que Minette fait appel à sa sagesse et à son expérience, elle s'anime. Oui, ses yeux tournent dans leurs orbites, son museau se fronce, la pointe rose de sa langue pointe entre les perles de ses dents, elle ne peut réprimer un sourire d'enchantement. Elle va parler, elle parle, sentencieuse, désabusée, assurée comme toujours.

« Bof, la raison, la raison ! » ironise Beauty de sa voix chaude.

Les oreilles de Minette vont et viennent. Elle est médusée. Elle n'a pas la berlue. Non seulement le portrait remue, mais il parle. Beauty avance ses jolies pattes blanches et prend appui sur le rebord du cadre.

« Plaît-il ? murmure Minette en s'avançant vers Beauty, qui penche la tête de côté, d'un geste familier auquel, par expérience, elle sait que nul ne résiste.

— Je dis : Bof, la raison ! répète Beauty. On s'en lasse. »

Quoi, s'étonne Minette dans son for intérieur, elle, Beauty, qui a payé si cher ses folies, mettrait-elle en doute la souveraineté de la raison et la sécurité qu'elle apporte ? Mais Minette se tient sur ses gardes, car elle sait que le désabusement des chattes trompées est mauvais conseiller. Quelle horreur ! frémit Minette, en resserrant son châle sur sa poitrine. Aucun malheur ne servirait d'exemple ? À quoi bon souffrir si l'on n'en tire pas de leçon ! Voyant Minette muette, Beauty hausse les épaules.

« Les chattes sont faites pour charmer, être charmées, se tromper, se repentir et recommencer.

— Je ne sais pas », chuchote Minette, dont les poils sur les joues sont encore humectés de larmes.

Comment s'étonner que ces deux éblouissantes créatures félines aient des opinions divergentes ? Car l'une est en chair et en os, Minette. Elle souffre. Elle a un père et une mère. Le cas de la seconde, Beauty, est sensiblement différent. Beauty, si vraie dans son cadre, si belle et sensuelle, si vive, est faite de papier et d'encre. Hé oui ! Beauty est fille de l'art, fille de la littérature. Elle n'a ni père ni mère, mais, comment pourrait-on dire ? Un père-mère. Nous allons bientôt raconter comment une telle chose est possible. À vrai dire, si Minette et Beauty se ressemblent beaucoup et ont en commun d'avoir été séduites et abandonnées, elles ont, chacune à sa manière, l'impression d'avoir vécu un rêve. L'une, Beauty, si vivante dans son cadre, a vécu son rêve dans le conte d'un grand écrivain et l'autre, Minette, au moment où cette histoire commence, a vécu son rêve… dans la réalité.

Quel rêve ? Celui de rencontrer le chat de leur vie. Mais le problème, c'est que ce chat était le même.

Beauty a acquis, par ses malheurs, une grande gloire. Elle a écrit ses Mémoires, avec l'aide de ce M. de Balzac auquel elle doit le jour. Et Minette s'est mis en tête de l'imiter. Elle pense que si l'on a beaucoup souffert d'amour, si l'on a failli plusieurs fois mourir d'amour, il convient de prévenir les autres chattes de se garder des passions inconsidérées. Mais, comme Beauty, Minette sait bien qu'aucun avertissement ne sera assez convaincant pour dissuader les chattes de continuer à suivre le chat de leur cœur.

Minette est extrêmement jalouse du destin de Beauty, car la célébrité de Beauty est allée jusque sur les planches.

Parfaitement, Beauty a joué sa vie au théâtre. Non seulement elle a publié ses Mémoires avec l'aide de M. de Balzac, mais elle, elle-même, Beauty, est allée sur scène jouer le mélodrame de sa vie. Minette voudrait être tout à fait pareille à Beauty, elle voudrait que son destin frappe les humains, comme celui de Beauty a touché son cœur de chatte.

Lorsque Minette fait part à Beauty de son projet, cette dernière ne peut réprimer une mimique de satisfaction. Elle est flattée, mais elle craint aussi que la jeune et candide Minette n'ait retenu que la mauvaise part de son histoire. Ou plutôt la part la plus séduisante, la plus dangereuse : le goût de la révolte. De la liberté.

Mais elle s'y résout, sachant qu'on ne peut changer la nature des chattes. Les humains craignent la liberté. Les chattes, jamais.

« Malgré toutes nos différences, nous sommes chattes, conclut Beauty en rentrant dans son cadre.

— Différences ? » s'étonne Minette.

Beauty laisserait-elle entendre que Minette est pauvre, contrairement à elle ? Mais Beauty veut simplement dire qu'elle est une chatte anglaise et que Minette est Française. De son côté de la Manche, les chattes, quand elles souffrent, aiment en stratèges. Tandis que les Françaises, comme ne l'a que trop montré Minette, se jettent pattes en avant dans la tourmente de la vie. Il suffit de regarder l'état dans lequel la pauvre Minette s'est mise. Minette voulait changer la vie, Beauty voulait changer l'amour. Et Beauty a l'impression d'avoir survécu à l'amour, non ?

Cette idée fait miauler Beauty de rire.

« Ne te moque pas de moi, Beauty ! proteste Minette. Peut-être que les humains finiront par se moquer de nous… Et l'on dira partout aux chatonnes : "Si vous n'êtes pas sages, c'est la triste destinée de Beauty et Minette qui vous attend." Loin d'être les modèles que nous croyions être, nous serons l'image même de l'égarement ! »

Comme apitoyée, Beauty tend la main vers Minette et les deux chattes se regardent tendrement. On croit entendre un orchestre dans la rue. Mais c'est une illusion, car dans le quartier des ambassades, les musiciens de rue ne sont guère admis. Il n'empêche que les deux chattes sont bercées par une mélodie délicieuse sur laquelle elles dialoguent tendrement :

« Prends ma main, dit Beauty. Il n'y a pas d'aujourd'hui sans lendemain. Je ne permettrai pas que tu désespères : les anciennes leçons sont les plus sûres !

— Prête-moi ta main, répond la jeune Minette. Prête-moi ta sagesse. »

Et elles entonnent enfin un duo mélancolique :

Mon Dieu, que les chattes sont bêtes !
La bêtise, c'est de croire à la sagesse,
Beaucoup plus que de faire des folies.
Tu ne savais donc pas
Que la vie n'apprend rien :
Pas plus aux chattes qu'aux femmes,
Pas plus aux chats qu'aux hommes.
Ni le malheur,
Ni le bonheur.
Prends ma main
Il n'y a pas d'aujourd'hui sans lendemain.

Ne me dis pas ça.
Tu me donnes envie de pleurer.

De ce côté-ci, on ne pleure pas.
Mais on a de bons souvenirs.

De ce côté-ci, on ne pleure pas.
Mais on a de bons souvenirs.
Mon Dieu, que nous sommes bêtes,
Quand nous croyons que nos rêves
Peuvent vivre ailleurs que dans nos têtes !

« La vie n'apprend peut-être rien, pense Minette, mais les Mémoires de Beauty m'ont beaucoup appris. »

Assez rêvassé. Elle frappe dans ses pattes, pendant que, comme par enchantement, Beauty reprend sa posture figée sur la toile, redevenant simple image. Minette appelle Victor, son fidèle serviteur. Son confident, peut-être plus encore… Celui grâce auquel elle est encore en vie dans ce merveilleux et triste palais, qui devait être sa boîte magique et qui faillit être son sépulcre.

« Mon ami… Mon ami… ! crie Minette. Victor, venez donc ! Oh, que cet animal est paresseux ! Allons, j'ai besoin de vous au plus vite. Il est beau de clamer sur tous les toits que vous m'êtes dévoué, si vous manquez à mon appel. »

Surgit un élégant lapin, tout essoufflé. Sa livrée, habituellement impeccable, est dans un désordre embarrassant. Il a couru, il ahane, il sue, et ses yeux roulent dans leurs orbites. Minette est exaspérée d'avoir dû attendre et sa voix devient sèche et tranchante.

« Eh bien, lance-t-elle, où traînez-vous quand on a besoin de vous ? Vous êtes d'une lenteur ! Je vous croyais plus rapide… »

Le lapin diligent prend une mine triste, soupire, voudrait se justifier et l'on voit bien à son regard et à la légère crispation de son museau qu'il aurait toutes les excuses à présenter pour son retard. Mais il n'en fait rien. Il murmure en soufflant :

« Que Madame Minette ordonne, elle sera servie. »

Minette a cessé de se penser la maîtresse des lieux. Elle sait qu'elle ne règne plus sur l'ambassade.

Le lapin, sentant que Minette est en proie, aujourd'hui particulièrement, à un profond découragement, hasarde quelques mots de réconfort :

« Madame Minette aurait tort de mettre en doute mon absolu dévouement. Comment se sent Madame, aujourd'hui ? »

Mais il n'aurait guère besoin d'entendre cette réponse qu'il connaît déjà. Minette regarde Victor dans les yeux. Le lapin sait parfaitement lire dans les yeux de la chatte. Elle soupire, elle détourne la tête, elle le regarde à nouveau, un sanglot s'étouffe dans sa gorge. Minette est à bout de nerfs.

« Eh bien, Victor, dit-elle, sachez que ma décision est prise. Même faible, je quitte ces lieux… Mais il n'est pas dit que je partirai sans éclat, la queue entre les pattes. Vous voyez ce cahier, Victor ? »

Du bout de sa patte où brillent des griffes acérées (si grande est son exaspération), elle indique un énorme cahier où, soir après soir, elle a inscrit ses peines. Elle n'a pas attendu la permission de Beauty pour se mettre à écrire. Voilà déjà plusieurs semaines que ses Mémoires sont écrits. Elle veut révéler au monde entier le scandale de sa souffrance. Elle remplit une grosse enveloppe de son écriture soignée. Elle inscrit l'adresse du seul éditeur dont elle connaît le nom pour l'avoir lu sur le livre de Beauty, M. Hetzel.

« Tu vois ce cahier, Victor ?

— Oui, Madame, répond le lapin avec timidité.

— Eh bien, ce cahier va devenir livre. Je te demande d'apporter immédiatement ce paquet à M…. à M. Hetzel… C'est ce qu'on appelle, paraît-il, un éditeur. Il transforme les rêveries des chattes en rêves publics. On appelle ça ensuite un livre. L'adresse est : 18, rue Jacob. »

Tout en parlant, elle a glissé le cahier dans l'enveloppe qu'elle tend à Victor. Le lapin est stupéfait devant cette soudaine énergie recouvrée par Minette.

« D'où vous viennent cette vitalité et cette volonté ? » demande-t-il, interloqué.

Minette lève un regard étonné vers son interlocuteur et sourit avec une tristesse un peu coquette :

« De mon enfance. Aujourd'hui, je me suis réconciliée avec mon passé. J'ai oublié mon égoïsme. C'est à cet égoïsme que je dois tant de bouleversements. Lis quelques pages. Tu apprendras la cause de mes peines… »

Elle rouvre l'enveloppe, en sort le cahier qu'elle lui présente à la première page. Mais le lapin devient écarlate, aussi rouge que le blanc de ses yeux…

« C'est que…, commence-t-il, en bégayant presque. C'est que je ne sais pas lire.

— Mais qu'apprend-on dans les ambassades alors ? C'est

bien la peine d'avoir tant d'argent si l'on en fait un si mauvais usage.

— Madame Minette, ce n'est pas à nous, les serviteurs, que l'argent revient…

— Eh bien, je te ferai la lecture à haute voix. Écoute bien. »

Minette jette un regard discret à sa complice Beauty, immobile dans son cadre, comme pour lui dire, à elle aussi, d'écouter. Et Beauty lui adresse un clin d'œil.

NOUS aussi, nous voici transportés dans les souvenirs de Minette. Les murs lambrissés du salon s'évanouissent dans la brume. Tout vacille et se perd et, peu à peu, de l'ombre se dégage la silhouette d'une vieille chatte qui court, une bûche à la main, derrière une souris qui galope. La vieille chatte semble, elle-même, être enveloppée de brume. Elle paraît ne pas voir clair, car elle se cogne au mur en maugréant.

On est dans une pauvre mansarde, quelques années auparavant. Et pour les chats, quelques années, c'est presque un siècle. Nous sommes dans la jeunesse de Minette et cette vieille chatte qui court et proteste, c'est sa mère. Elle s'exprime dans un langage qui ne serait pas bienvenu dans les salons de l'ambassade :

« J'y vois que dalle. Je suis vioque, je suis bigleuse, j'ai l'estomac dans les talons, j'ai pas un rond, j'en ai marre, la vie c'est pas le paradis ! »

Elle frappe enfin avec la bûche la souris qui tombe raide sur le sol. La vieille se retourne et s'écrie :

« Allez savoir si j'ai frappé juste ou non, cette fois-ci. »

Dans le capharnaüm du grenier, elle cherche à tâtons des culs de bouteille, au milieu de tessons et de débris. Elle les arrange sur son museau, pour en faire des espèces de lunettes, et c'est alors avec horreur qu'elle examine le cadavre de la souris. Elle a reconnu son amie, l'adorable Miranda, qui gît sans vie, assommée par la bûche.

« Miranda ! Mais c'est pas possible, ça ! J'ai liquidé ma potesse Miranda… »

Pauvre Miranda, qui semble passée de l'autre côté de la grande barrière… Il faut savoir que Miranda est une souris philoféline, c'est-à-dire que, contrairement au reste de la race ratienne et souricienne, elle a la plus vive sympathie pour les chats et surtout pour les pauvres chats qui vivent chichement sous les combles. Elle fait partie de l'Armée du Salut. Cette souris est si bonne qu'elle ne manque jamais de venir apporter à ses amies du grenier un quignon ou une vieille sardine…

À l'agonie, l'infortunée Miranda paraît se ranimer d'un ultime soubresaut. Elle esquisse un petit geste, comme pour faire taire la mère. Sa queue même semble frémir. Un filet de voix sort de ses lèvres desséchées, qui préludent la mort :

« Je meurs heureuse. »

Une telle déclaration ne peut que déconcerter la mère de Minette. Elle exprime son étonnement, mais déjà Miranda récite son chant d'adieu :

Tel était mon destin. Je meurs parmi les miens.
Je me suis engagée dans l'Armée du Salut,
Comme un brave soldat qui s'en va à la guerre.
Je m'en vais de ce monde où je ne verrai plus
Certains mourir de faim et les autres se taire !

La mère hausse les épaules. Les paroles grandiloquentes ne lui plaisent guère. Elle se dit que, de toute façon, Miranda est déjà de l'autre côté. Elle pense aussi à ses deux filles, Minette, que nous avons déjà vue, et sa petite sœur, Bébé, que nous n'allons pas tarder à voir. Il faut bien qu'elles aient de quoi se nourrir et, puisque Miranda est au tapis, elle fera un excellent rôti. La vieille chatte s'active donc immédiatement pour mettre Miranda en broche, avec un tisonnier qui a été oublié par terre et dont elle se saisit, bien décidée à faire du feu dans la cheminée. Et pour toute oraison funèbre, elle dit à Miranda, qu'elle traîne vers le feu :

« T'as sans doute raison, ma fille. La faim rend aveugle. Le four t'attend. Que veux-tu, on change pas sa nature. Miranda, faut pas m'en vouloir. Mais c'est plus l'heure de bavasser. Je crève de faim, mes deux filles crèvent de faim, tu seras notre petit quatre-heures. »

Mais la mère de Minette n'en est pas moins sensible et elle ôte ses culs de bouteille pour essuyer une larme. Elle ne peut réprimer un mouvement intérieur de remords. Elle se tourne vers Miranda, qu'elle est sur le point d'embrocher :

« Je n'aurais pas dû, admet la vieille. Mais l'instinct l'a emporté. On croit à l'amitié et, tu vois, l'appel de la bestialité est le plus fort. Parfois, les amis font de bons rôtis. »

Sa période oratoire est interrompue par de rudes coups : on tambourine à la porte. Serait-ce déjà la police ? se dit la vieille avec épouvante. On ne va quand même pas accuser une chatte de chasser sa proie.

« Elle avait peut-être des amis dans la flicaille ? » se demande-t-elle à voix haute. Mais, derrière la porte, c'est une voix amie que la vieille reconnaît :

« Ouvrez donc, c'est moi, c'est Mme Léon. C'est votre maîtresse. Allons, dépêchez-vous, j'ai oublié mes clés. Ouvrez donc ! »

La vieille s'achemine vers la porte, qu'elle ouvre non sans peine. C'est une dinde fort élégante qui apparaît, chargée de cadeaux : une boîte de chocolats et une poupée. La roue de la fortune aurait-elle tourné ? Car la dinde n'est autre que la maîtresse de la chatte. Et c'est une maîtresse fort pauvre, comme en témoigne la pénurie partout visible sous les combles. La dinde s'agite dans le grenier en balançant lourdement son croupion, qui entraîne les volants de sa robe de madras décorée de perles et de bijoux de cuivre et parle aussitôt avec volubilité :

« Mes enfants, annonce-t-elle fièrement, nous allons rouler sur l'or. J'ai été inspirée de partir à l'aventure. J'ai rencontré un protecteur qui m'a enrichie. Il ouvre les mains et il en tombe une pluie de sequins. Quand il s'ébroue, des nuages de poussière d'or s'envolent… »

La vieille reste muette après cet introït solennel. La dinde, qui aurait aimé être accueillie par des applaudissements, fouille dans la pièce et constate avec déception l'absence des deux jeunes chattes, Minette et Bébé. Elle n'a pas remarqué, fort heureusement, Miranda qui rôtit :

« Je veux absolument voir vos filles, où sont-elles, amenez-les-moi. J'ai des cadeaux pour elles. C'est bien l'anniversaire de Bébé aujourd'hui, non ? Allons, dépêchez-vous. »

Elle s'approche de la fenêtre et regarde sur les toits, en vain. Puis elle revient au centre de la pièce et hurle en caquetant :

« Mais qu'est-ce que ça sent ici ? Le poil cramé ? Ouvrez donc les fenêtres. Allez, de l'air ! »

Du fond de la cheminée sort alors la faible voix de Miranda, que la dinde, Mme Léon, aperçoit seulement :

« C'est moi, Madame. Ne vous inquiétez pas. Je suis une martyre volontaire. Je grille, mais je suis enchantée de sentir le chatouillis de ces flammes qui feront de moi une sainte. Je me sacrifie pour lutter, à ma façon, contre la faim dans le monde. »

Après un moment, excusable, de surprise, Mme Léon cherche à comprendre. Après tout, son espèce tout entière n'est-elle pas douloureusement atteinte par les rites barbares de Noël ? Mais elle a bien constaté que cela n'arrêtait pas la famine dans le monde, au contraire. Non, décidément, elle se dit qu'il y a des générosités qu'elle ne peut pas partager. En revanche, elle a toujours veillé, dans la mesure de ses moyens, à aider la vie des pauvres chattes qui occupent son grenier. Il faut au plus vite appeler les petites : Minette et Bébé, vite, vite !

Mais la vieille mère proteste intérieurement. Il va falloir qu'elle aille faire de l'équilibre sur les tuiles pour faire revenir au foyer sa progéniture. Elle sort par la fenêtre et gambade sur les toits, à la recherche de ses filles.

Mme Léon, pendant ce temps, appelle ses serviteurs.

« Rentrez ! leur ordonne-t-elle. Apportez-moi mon coucou suisse. Il faut balayer cet air triste qu'on respire à Paris. »

Deux valets en livrée sont entrés, croulant sous une grosse boîte, que la maîtresse ouvre tout en chantant et en dansant. Dans la boîte se trouve un oiseau mécanique qui paraît vivant et rythme la chanson-danse de la maîtresse.

Je reviens de Suisse
Où j'ai mangé du chocolat,
J'ai subi une cure de chocolatothérapie…

Je me suis refait une santé.
J'ai été gâtée
Par mon petit chéri,
Clic clac, coucou !
Il m'a acheté des horloges.
J'ai rapporté un oiseau
Qui fait coucou !

L'oiseau mécanique est entré dans la danse, sortant de l'horloge, et il paraît chanter avec Mme Léon. Il est extrêmement habile dans ses mouvements légers et saccadés. On en oublierait presque qu'il ne remue que grâce à un mécanisme complexe.

C'est plus de temps qu'il n'en fallait pour que la vieille revienne avec ses deux filles par la fenêtre. Les jeunes chattes habillées d'une façon un peu bohème bondissent l'une après l'autre dans le grenier. L'une d'elles est Minette. Mais nous avons quelques difficultés à la reconnaître sous son pauvre vêtement, strict et digne. Elle n'est pas encore la ravissante jeune chatte que le Tout-Paris se dispute. Certes, elle a déjà ses yeux admirables, son poil doré et elle se déplace avec une grâce unique.

Bébé, elle aussi, est très mignonne. Mais sa modestie, sa retenue, son charme casanier contrastent avec la beauté envoûtante de sa sœur aînée, manifestement choisie par le destin pour faire carrière dans le grand monde. Bébé appartient à ce lieu, si démuni soit-il. Minette y est une étrangère. Son univers est ailleurs. Elle a besoin de vivre, de courir, de conquérir, mais elle ne le sait pas encore elle-même. Elle se sent attirée par des forces extérieures auxquelles pourtant elle ne saurait donner de nom. Elle n'a pas eu encore le temps de vérifier l'étendue de sa séduction, le pouvoir qu'elle peut exercer sur hommes et chats.

Mme Léon avance royalement vers les deux jeunes chattes et leur présente, avec un sourire protecteur, ses cadeaux.

« Choisissez, les filles, leur dit-elle avec autorité. L'une d'entre vous pourra avoir cette douceur voluptueuse. Du chocolat fabriqué avec du lait gras de vaches bicolores qui se promènent sur les pâturages neigeux que protègent les sommets helvètes. Ou bien cette poupée souris pour commencer à éduquer votre instinct et à aimer votre prochain. »

On peut alors vérifier que les deux jeunes chattes sont encore des enfants, car elles se précipitent toutes les deux vers la boîte de chocolats qu'a rapportée la maîtresse et délaissent la poupée.

Mme Léon est ulcérée. Aucune ne veut de sa poupée ! Elle est outrée que Minette la dédaigne.

« Tu ne veux donc pas de ma souris ? Tu n'aimes pas les souris ?

— Si, mais pour les manger, répond aigrement Minette. Une souris en paille ? Merci bien ! »

Minette aperçoit alors le coucou, qui intéresse son estomac.

« Et cet oiseau-là, on peut le manger ? demande-t-elle.

— Au secours ! hurle le coucou, qui va se réfugier dans l'horloge et claque la porte.

— Mais non, celui-là, tu ne peux pas le manger, dit Mme Léon en riant de cette naïveté. Il a des ressorts, des roues à dents, des chaînes. C'est un oiseau mécanique. Il donne l'heure.

— Il donne quoi ? demande Minette.

— Le temps qui passe, soupire Mme Léon, rêveuse.

— Le temps passe et nos assiettes restent vides et immaculées, fait ironiquement remarquer la provocante Minette. La poupée, vous pouvez la mettre dans une vitrine ou sur votre lit. »

Et voyant que sa sœur commence à se goinfrer de chocolat, son sang de chatte ne fait qu'un tour et elle se jette sur Bébé, qui a tout juste le temps de s'esquiver en riant :

« Donne-moi ces chocolats, chipie ! hurle Minette.

— Non, c'est mon anniversaire. C'est à moi ! »

Mme Léon saute en l'air et ne peut réprimer un caquètement de surprise. Ses sourcils se froncent et elle prend un air de grande lassitude. Elle regrette décidément sa propre générosité, qui, dès son retour de Suisse, lui a conseillé de rendre visite à ses petites voisines d'en haut :

« Vous commencez à m'indisposer, lâche-t-elle avec un lourd soupir. Débrouillez-vous. Moi, j'ai fait mon devoir. J'ai voulu un instant vous faire oublier la misère. Mais il se fait tard. Je vais retrouver mon cher petit mari et son or. Oh, quel bonheur d'être riche, importante, vaniteuse ! Mes chéries, je vous laisse. Essayez d'être heureuses, c'est l'essentiel. Rien ne m'est plus doux que de voir briller dans les yeux de mon mari l'éclat de ma parure… »

Cette évocation de sa propre fortune emplit d'aise Mme Léon, qui retrouve son sourire de ravissement. Dans un froufrou de soie et de plumes, elle prend le chemin de la sortie, avec un petit rire perlé. Elle est redevenue euphorique, cependant que les deux sœurs se disputent les chocolats dans un boucan d'enfer. Dans un coin, leur vieille mère se repose de tant d'émotions. Mais le tumulte des filles et le sommeil de la mère sont soudain dérangés par un épais nuage noir qui sort de la cheminée.

Bébé s'en approche et s'écrie :

« Qu'est-ce que c'est, ça, dans la cheminée ?

— Une souris qui crame, répond placidement sa mère.

— Quelle souris ? demande Bébé.

— Miranda, réplique la mère avec une tristesse feinte. C'est ma faute, il faut me punir. Je ne le ferai plus. Avec mes lunettes, ma vue va changer. Je ne me gourerai plus. Je ne tuerai plus, mes filles.

— Pauvre Miranda ! » s'exclament à l'unisson les deux sœurs, que ce drame distrait de leur dispute.

Quel n'est pas leur étonnement d'entendre, dans les volutes noires de l'âtre, la voix filée de la martyre qui tourne sur la broche. C'est Miranda qui brûle, mais vit encore…

« Allons, murmure avec courage la souris, souriez, les filles. Dans quelques minutes, je vaudrai un rôti de porc. Ma chair, tendre et moelleuse, deviendra, dans vos bouches, un cadeau du ciel.

— On ne devrait pas avoir de sentiments, réplique durement la mère chatte en s'approchant de son futur repas. Ce qui est fait est fait. On devrait la bouffer, c'est tout. »

Bébé, qui se rappelle alors ses chocolats, qu'elle fourre dans sa gueule, proteste en marmonnant :

« Maman, comment as-tu pu penser ? Le jour de mon anniversaire… Quelle barbarie ! Je mange mes chocolats.

— Et nous, on te regarde t'en mettre jusque-là ? demande sa mère avec un ricanement réprobateur.

— Il faut savoir profiter de l'occasion, on ne fête son anniversaire qu'une fois par an. »

Bébé en profite pour se saisir de la poupée qu'a abandonnée Minette, rendue plutôt hébétée par la nouveauté de la situation. Mais on oublie Miranda, qui faiblement chuchote : « J'ai chaud ! »

Minette s'aperçoit alors que sa sœur a volé son jouet et la bagarre recommence. Miranda tente d'intervenir, toujours décidée à servir de festin, dans un esprit admirable de sacrifice :

« Ne vous disputez pas, les filles ! On va pouvoir passer à table dans un instant. »

Mais les filles ne l'écoutent pas. Elles s'insultent mutuellement et leur mère tente en vain de les calmer.

Miranda est soudain lasse d'attendre et, constatant que les chattes sont trop occupées à se quereller pour penser à la manger, se désembroche toute seule et saute, toute noire de suie, au milieu de la pièce :

« Alors, dit-elle, on me mange ou on ne me mange pas ? J'en ai marre. Ma patience a des limites. Je retourne à la vie normale. Je dirai que j'ai pris un coup de soleil. Le bronzage me sied. Adieu, les filles ! »

Et elle disparaît par la fenêtre sans qu'aucune des trois chattes s'en aperçoive. « Ma poupée ! » hurle l'une. « Ma poupée ! » hurle l'autre. Et leur mère, assourdie par tant de cris et d'agitation, les supplie de mettre un terme à ce vacarme. C'est alors qu'elle constate que la broche est vide…

« Elle est où, la Miranda ? »

Elle fouille dans les braises, pensant que son rôti y est tombé. Et elle tire une tragique conclusion :

« Ça alors, le feu l'a consumée ! »

Pétrifiées d'horreur à cette nouvelle, les deux sœurs arrêtent leurs cris et s'immobilisent comme des statues au milieu de la bataille.

Elles s'approchent à leur tour du foyer et pleurnichent :

« Il ne reste que des cendres !

— Une poignée, lâche lugubrement la mère. Je préfère qu'elle soit partie en fumée… »

Prises de court devant ce coup de théâtre, les deux sœurs apitoyées et réconciliées entonnent une berceuse funèbre et douce pour accompagner le mélodramatique départ de Miranda, qu'elles croient carbonisée :

Moi, j'aime les souris…
On peut les embrasser
Mais pas les manger.
C'est délicieux, c'est ravissant.

Mais la trêve entre les deux sœurs ennemies est de courte durée, car déjà Minette se rappelle sa rancœur et exige que sa poupée lui soit restituée par Bébé. Elle trépigne, elle est prise de tremblements et se met à gémir avec de petits couinements geignards.

« Tu nous agaces, Minette ! dit alors sa petite sœur. Tes caprices, tes hésitations sur ce que tu aimes ou n'aimes pas, les poupées que tu rejettes, puis réclames, nous cassent les pattes. Garde-la, ta poupée, je n'en veux plus ! Tiens, voilà pour toi ! »

Bébé, dans sa fureur incontrôlée, déchire la poupée en deux, dont le son se répand à terre. Minette a un mouvement d'horreur et Bébé la griffe. Hors d'elle, Bébé saute par la fenêtre pour fuir sur les toits de Paris. Le ciel crépusculaire enflamme les ardoises, et l'on entend monter des rues le chant des allumeurs de réverbères qui se mêle aux échos des estaminets se remplissant peu à peu avec la nuit.

Dans le calme et le silence revenus, accablée, la vieille mère laisse échapper une plainte inutile :

« Laisse ta sœur un peu tranquille... »

Minette bondit en l'air d'indignation. C'est trop fort, qu'on lui fasse à présent le reproche d'avoir suscité la dispute avec Bébé !

« Comment ça, que je la laisse tranquille ! Mais c'est elle qui a mangé les chocolats, c'est elle qui a cassé la poupée, et c'est moi la coupable ?

– La faim rend cinglés ceux qui ont du plomb dans la cervelle, philosophe la vieille. Alors, moi qui ai toujours eu un grain... Laissez-moi seule vivre ma folie : c'est plus raisonnable. »

Elle sombre dans un silence profond et abattu. Minette, attristée et agacée par sa querelle et par l'impuissance de sa mère, sort à son tour par la fenêtre.

Sa décision est prise. Elle s'en va. Elle quitte le grenier, elle quitte son enfance, elle veut voir le monde. Comme il est bon de respirer librement et de savoir que la vie est devant soi. Adieu misère, adieu famille, adieu répétition des jours anciens... Elle frémit toutefois à l'idée de l'aventure qui l'attend. Et si elle mourait de faim ? Elle pourrait mourir de tristesse, ça oui. Car la faim, elle l'a apprivoisée, depuis longtemps.

Elle chante alors toute seule, comme pour se consoler, mélancoliquement :

Vous avez peut-être raison...
Chacune pour soi :
Les chats sont des animaux solitaires.
Moi, je vais vivre ma vie :
Il doit bien y avoir un autre monde
Où même si l'on ne mange pas davantage à sa faim
On peut rencontrer des amis.
Il y a bien quelque part
Un ami qui m'attend...
Il y a bien quelque part
Un nouveau monde
Où je serai aimée...

Autour d'elle, les étoiles paraissent esquisser un ballet joyeux, qui, de ses mouvements cadencés, balancés, rythme la chanson de Minette, émerveillée par ces lumières prometteuses dans la nuit : des lumières amies qui la guident dans son cheminement solitaire. Elle avance sur les toits avec la grâce experte des chattes, ramenant sur ses pattes, délicatement, les plis de sa robe, pour ne pas les accrocher aux paratonnerres et aux pointes qui protègent les cheminées, empêchant les oiseaux de s'y engouffrer.

Minette a besoin de voir ailleurs si les chats sont plus heureux et si les humains les aident à vivre. Et voici que du haut du firmament descend, dans une nuée dorée de poussière lumineuse, une étoile parée d'émeraudes, de saphirs et d'améthystes, dans un flot d'organdi bleu.

« Console-toi avec nous, dit-elle.

– Qui êtes-vous ? demande Minette.

– Nous sommes les belles du Ciel, répond une deuxième étoile qui descend à son tour, dans un nuage de soie écarlate où brillent des rubis et des perles.

– Je vous vois mal, proteste Minette, éblouie.

– Approche-toi donc, conseille une troisième étoile, enveloppée de satin d'ivoire, parsemé d'œils-de-chat, de topazes et de paillettes d'or.

– Je ne peux pas, dit Minette. Vous êtes trop haut !

– Nous brillons pourtant assez..., fait remarquer la première étoile. La lune n'est pas là ce soir...

– On brille davantage.

– On peut mieux admirer nos diadèmes.

– On ne nous confond pas.

– Est-ce que tu as remarqué nos diamants authentiques ? Nos brillants garantis ? On brille grâce à nos pierreries : nous sommes nées courtisanes.

– La nuit nous a parées de ses plus beaux bijoux pour éclairer son grand manteau noir.

– Oui, un beau soir, la nuit, lasse de critiquer le jour, qu'elle trouvait tellement triste, a décidé d'incruster dans sa cape d'innombrables étoiles. Nous sommes au monde pour lui donner tout son éclat.

– Si l'on voulait nous apprécier à notre juste valeur, il faudrait s'abandonner à l'immensité du désert : c'est là que la nuit règne sans entrave. Dans la splendeur radicale de l'infini, la nuit enveloppe l'horizon. Et dans la voûte obscure de son règne céleste, nous trônons comme de lumineuses sentinelles. »

Assez, assez, voudrait dire Minette. Trop de mots nouveaux, trop de lumières dans la nuit nouvelle. Ces dames ne se rendent-elles pas compte que c'est sa première sortie dans les ténèbres ? Mais les impénitentes bavardes poursuivent leurs papotages excités.

« Nous formons des figures inouïes que l'homme a dotées de curieuses appellations.

– Grande Ourse ! Couronne boréale ! Chiens de chasse ! Hydre femelle !

– Et puis on voit mieux la Terre et les yeux des chats.

– Vraiment ? demande Minette, qui n'en croit rien.

– Évidemment. Dès que tu es sortie de ton grenier, on t'a vue.

– Qu'est-ce que vous faites toute la nuit ? »

Car la nuit était, jusqu'ici, réservée au sommeil pour les petites chattes que sont Minette et Bébé. Minette n'avait jamais imaginé que les étoiles non seulement parlaient, mais menaient une vie aussi agitée.

« On va au spectacle, disent-elles. Nous n'avons d'yeux que pour la beauté du monde.

– Nous nous cachons tristement, avec honte, quand nos lumières effleurent la misère des hommes.

– Qu'est-ce que c'est, la beauté du monde ? demande Minette, qui n'en connaît que ce que lui en a dit Mme Léon…

— On te fera voir, lui promettent-elles. Nous te servirons de guides. Tu sais, les chats peuvent marcher dans le noir, grâce à nous…

— Mais, dites-moi, insiste Minette, qui sent qu'il y a là un secret extrêmement intéressant. Qu'est-ce que c'est, la beauté du monde ?

— C'est le bonheur de s'endormir entre des draps chauds, près d'une cheminée… C'est la joie d'écouter le chant d'un oiseau quand le jour se lève… C'est un bol de lait frais quand tombe le jour… C'est une caresse sous le cou, quand sonne minuit… »

Et les étoiles poursuivent en chantant leur description enchanteresse :

C'est un ami que l'on rencontre
Un soir de brume
Au moment où l'on se croit perdu…
Ce sont les toits de Paris
À l'aube quand les hommes dorment
Et que l'on danse en silence
En équilibre sur les gouttières…

L'idylle de Minette et des émissaires de la nuit est soudain interrompue par un étrange personnage qui ressemblerait à un chat s'il n'était entièrement rouge et muni d'effrayantes ailes noires et dures, comme des fourches qui auraient traîné dans la suie.

« Tout ça, dit l'animal malicieux, dont les yeux brillent comme des lumignons écarlates, ce sont des rêveries ! Soyons réaliste, chérie. Regarde-toi dans ce carreau cassé. »

Il tend à Minette un débris de verre abandonné sur la terrasse, transporté peut-être par le vent un soir d'orage et de tourmente. Minette se regarde dans le miroir de fortune.

« Tu n'es pas moche, tu sais ! Il faut savoir en profiter. Ils vont tous être fous de toi. Regarde-moi et imite-moi. Crois-en mon expérience ! »

Le diable-chat (car c'est un démon, on l'aura compris)

exécute des minauderies de chat séducteur, pour donner l'exemple.

« Ronronne, roule-toi en boule, caresse leurs jambes avec ta queue et tu verras ce que tu verras... Profite de ta beauté pour faire rêver les autres. Et fais-toi payer ce rêve à son juste prix ! Et, si tu es futée, tu pourras transformer les bijoux lointains de ces étoiles en de véritables pierres précieuses ! N'écoute pas leurs rengaines mielleuses et mensongères. Fie-toi à ma sagesse, à ma fourberie. Au fond, que veux-tu ? Hein ! Être riche, être adulée, triompher, quoi ! Tu veux marcher d'un pas agile sur les têtes des autres espèces moins éclairées que la tienne. Avoue, c'est cela ? Eh bien, suis mon chemin balisé grâce à cette petite lanterne rouge où une flamme coquine et nerveuse t'indique l'avenir. C'est la flamme de l'ambition ! »

Après tout, pourquoi ne pas suivre ces conseils ? se demande Minette. Elle veut être riche. Elle en a sa claque, de la misère ! Même si elle doit brûler un peu ses ailes, c'est-à-dire ses poils, elle apprendra quelque chose de plus profond que ce que lui propose la monotonie de la pauvreté...

Mais avant même qu'elle n'ait eu le temps d'exprimer ces terribles pensées surgit un autre compère. Lui aussi ressemblerait à un chat, mais il est entièrement bleu et des plumes d'autruche turquoise tombent dans son dos jusqu'à terre. On l'a reconnu, c'est l'ange-chat. Il est de très mauvaise humeur, parce que, une fois encore, il a été coiffé au poteau par le diable-chat. Il n'est jamais facile, après les discours du diable, de convaincre ses victimes du contraire...

« Pousse-toi ! dit l'ange au diable. On peut dire que tu ne perds pas ton temps, toi. »

Et l'ange se tourne vers les étoiles :

« Et vous, aidez-moi. De toute façon, poursuit-il à l'intention du diable, tout le monde sait que, dans la vie, c'est cinquante pour cent pour toi, cinquante pour moi. Ne l'écoute pas, Minette. La beauté passe, on vieillit, plus personne ne te regardera dans la rue ou dans un salon. Le triomphe que t'offre le monsieur avec les cornes est éphémère. Regarde la

Nuit et ses Étoiles : il suffit d'un orage et c'en est fini de leur éclat et de leur beauté. T'aventurer dans le monde chatoyant des apparences ne te vaudrait que chagrin, déboires, désespoir. Reste dans ton foyer. Bats-toi aux côtés des tiens. Aide ta mère, réconcilie-toi avec ta sœur. Dans ces tâches modestes et constantes, dans ce combat contre la faim et la misère, tu trouveras ton bonheur et ta dignité.

— Oh, ma mère, vous savez, répond Minette, elle n'est pas très maligne. Elle a presque bouffé sa meilleure amie, la souris Miranda de l'Armée du Salut. »

Le diable intervient :

« Écoute, les anges, dit-on, sont positifs. Et toi, qu'est-ce que tu fais ? Tu la déprimes. Moi, au moins, je la pousse à découvrir le monde.

— Oh oui ! s'écrie Minette. Je voudrais tant découvrir un autre monde ! »

Les étoiles n'attendaient que ce vœu. Elles entourent Minette en virevoltant sur sa tête, sous les yeux médusés de l'ange et du diable :

« Que ta volonté soit faite. Nous sommes tes servantes. Suis-nous, ne traînons plus.

— Ça va, ça va, on a compris, maugréent ensemble l'ange et le diable. Vous allez lui parler d'amour, vous allez répéter inlassablement vos niaiseries, on connaît la chanson.

— Eh bien, vous qui êtes si malins, demande l'étoile bleue, qu'est-ce que l'amour ?

— Ce sont les flammes qui dévorent ton cœur, dit le diable avec un rire mauvais.

— Ah non, frémit Minette, moi je ne veux être dévorée par personne. C'est plutôt moi qui ai envie d'avoir quelque chose à me mettre sous la dent. C'est dur de jeûner du matin au soir.

— Elle a raison, disent les étoiles. Parlons de choses pratiques. Aidons Minette à trouver une poubelle où dorment les restes d'un bon poisson. Et toi, l'ange, qu'est-ce que l'amour, selon toi ?

— Le dévouement, le sacrifice, le renoncement, annonce péremptoirement l'ange en baissant les yeux.

— Dévouement ? s'étonne Minette. Mes forces sont déjà épuisées. Sacrifice ? Je ne connais que ça. Renoncement ? À quoi peut-on renoncer quand on n'a jamais rien eu ?

— Ne crains rien, disent les étoiles, ils mentent autant l'un que l'autre. Tous les deux, vous parlez de souffrance.

— L'amour, insiste l'ange, c'est la douceur d'un foyer, le ravissement, la chaleur d'une étreinte fraternelle, l'entente à demi-mot avec sa mère…

— Merci, ça, c'est l'ennui », murmure Minette.

Le diable en profite pour se faufiler tout contre elle et il lui susurre à l'oreille :

« C'est un échange de regards au coin d'une rue avec celle ou celui qui vous ouvrira la porte de vos rêves, c'est l'abandon au luxe, aux sourires, aux rires, aux lumières d'un monde aussi virevoltant qu'une plume joyeuse que berce la brise, ce sont les délices d'un souvenir et le mystère d'une rencontre impromptue… »

Minette n'est pas sûre de comprendre ce que le diable lui dit, mais elle sent que ces phrases recèlent des plaisirs interdits et délicieux. L'ange perçoit le danger et juge qu'il est temps d'intervenir :

« Ce que vous décrivez là, c'est la séduction, c'est l'aveuglement, ce n'est pas l'amour. Les envols que provoquent ces mirages s'écrasent toujours dans la boue ! »

Le diable est furieux et, avec un crachement de rage, il saute sur l'ange, dont les plumes volettent avec frayeur. Comment rester ange quand on est chat et qu'un autre chat commence à vous griffer et à vous mordre ?

« C'est toujours comme ça quand ils viennent ensemble, soupirent les étoiles. Mieux vaut qu'ils viennent séparément. »

Mais Minette déjà s'ennuie. Elle est jeune, elle est nouvelle. Elle voudrait être libre et comprendre l'univers et ses énigmes. Elle voudrait laisser quelque part l'empreinte de ses pattes. Il se pourrait, hélas, que Minette soit un peu frivole. Seul l'amour peut la guider sur sa route. Et l'amour est un sujet interdit aux anges et aux diables. Ils n'en ont chacun qu'une part et il faut les réunir pour que l'amour vive un peu...

Soudain, tout disparaît. Les étoiles et les deux chats, ange et diable. L'obscurité se fait. Minette est prise d'épouvante. La voici seule dans la nuit...

« Ce n'est que moi, dit un énorme nuage qui traverse le ciel. Il n'est pas de soleil, il n'est pas d'étoile qui un jour n'ait à subir mon ombre. Et l'ombre, Minette, est favorable à certaines ardeurs. Il est parfois plus facile de voir les yeux briller dans l'ombre... Et alors tu vois clairement, face à toi, ton destin qui s'avance... »

Au loin, on entend vaguement une chanson et, en effet, on voit approcher deux petites lumières. Effrayée, Minette se cache derrière le nuage, descendu tout près d'elle. Elle se laisse noyer dans les nuées qui tourbillonnent.

Entre deux cheminées, Minette voit apparaître un poète romantique. Elle n'en a jamais vu. Mais, en l'apercevant, elle sent confusément que ce chat ravissant est un rêveur, avec lavallière, grand chapeau noir à larges bords, veste de velours. La bohème et la beauté. Minette frissonne... Il ne l'a pas vue et marmonne :

« J'ai encore perdu ma montre et je dois être en retard. À moins que ce ne soit la grosse Lily qui aura oublié l'heure.

– Qui c'est, ça, la grosse Lily ? demande Minette au nuage qui la cache. Je ne connais pas.

– Je t'expliquerai plus tard, souffle le nuage. C'est une dame qui profite de mon ombre pour faire des affaires... »

Mais la voix du beau chat (qui se nomme Brisquet, Minette ne va pas tarder à le savoir), puissante et sonore, râleuse et vive, couvre les murmures du nuage et de Minette, qui, de surprise et de frayeur, fait un bond en arrière, soudain attentive à ce qu'elle entend :

« Je me demande bien pourquoi je continue à la voir, celle-là. Elle finit par m'ennuyer. Elle veut toujours du saumon, du champagne. Elle rit trop fort, elle parle trop haut et, quand elle chante, ça déraille. Mais je l'ai dans la peau. Elle n'est pas mal roulée. Voyons voir si je ne l'aperçois pas dans la rue. »

Minette est extrêmement intriguée. Brisquet parle donc de la grosse Lily… Pourquoi dit-il qu'il « l'a dans la peau » ? Elle est tentée d'interroger le nuage, mais déjà Brisquet, qui s'est penché vers la rue, crie à tue-tête, du haut du toit :

« Ohé, ohé ! Vous n'avez pas vu la grosse Lily ? »

À qui parle-t-il ? On entend dans la rue des rires gras, des sifflements et des chahuts.

« Quoi ? demande Brisquet. Elle a un client ? Après tout, je m'en balance… »

Un client ? se demande Minette. Que veut-il dire ?

Mais un frisson la parcourt. La nuit s'avance et la glace. Les moustaches de Minette sont chatouillées par la rosée de minuit et elle éternue en miaulant. Brisquet bondit en riant.

« C'est elle qui est là, hasarde-t-il, et qui me fait une farce. Je sais que tu es là, derrière la cheminée… Sors… Tu connais mon impatience… J'ai envie de sentir tes rondeurs près de moi ! »

Brisquet s'approche dangereusement de la cheminée derrière laquelle Minette est tapie. Mais quelle horreur ! Le nuage qui la protégeait se dissipe dans les airs en ayant tout juste le temps de dire :

« Une brise me force à te dévoiler… Bonne chance, Minette, nous nous reverrons un jour d'orage. Je me promène souvent dans ce quartier. »

La voici en pleine lumière, offerte aux regards de Brisquet, qui accueille cette timide apparition avec un beau sourire séducteur :

« Ça alors, je m'attendais à un masque de carnaval, à des plumes d'autruche et à des breloques cliquetantes, et je trouve une charmante boule de caramel doré au soleil, blonde comme les blés. Qui êtes-vous, ma mignonne ? Tu n'es pas la grosse Lily… »

Désemparée, Minette regarde autour d'elle, comme si Brisquet s'adressait à une autre.

« Non, Monsieur, répond-elle avec une assurance feinte (car elle n'en mène pas large), je ne suis ni grosse ni maigre. Je suis Minette.

— La belle Minette ! dit Brisquet en glissant sa patte sous le museau de Minette, qui se détourne avec gêne. Tu n'aurais pas vu, par hasard, la grosse Lily ? Mais pourquoi insister ? Au diable Lily et ses rondeurs !

— Je ne sais pas de qui vous parlez, Monsieur. Je ne connais que ma mère et ma sœur… Et Miranda… Mais c'est une souris… Et il vaut mieux ne pas la voir en ce moment, étant donné l'état où elle est réduite… »

Brisquet semble avoir compris qu'il est en présence d'une chatonne inexpérimentée.

« On ne serait pas en train de faire une fugue ? Tu t'ennuyais ?

— Oh, Monsieur, je prenais l'air…

— L'air du large, semble-t-il. Où vas-tu ? Tu t'es déjà promenée dans le quartier ?

— J'avais besoin de m'éloigner un peu du grenier où l'on m'enferme, Monsieur. Je n'ai jamais marché au-delà de ce toit. Je veux découvrir le monde.

— Le grand ou le petit ? Tu as les qualités pour cela.

— Vraiment, Monsieur ? »

Leur conversation est interrompue par un éternuement de Minette. Brisquet en profite pour se rapprocher davantage d'elle et pour lui entourer les épaules d'une patte protectrice. Elle n'en frissonne que plus…

« On a pris froid ? demande le poète des toits.

— Non, j'ai chaud », répond Minette d'une voix de plus en plus craintive.

Elle commence à regretter son pauvre foyer. C'est donc cela, la vie au grand air, la vie d'aventure, un inconnu qui déjà vous entoure les épaules ?

« Tu veux un bol de lait ? » propose Brisquet.

Qu'est-ce que c'est, un bol de lait ? Minette n'en a jamais vu de sa vie. Mme Léon ne l'avait guère habituée à ces prodigalités.

« Un bol de lait ? demande Minette. Ça existe ?

— Il y a un café là-bas.

— Un café au lait ?

— Mais non, proteste Brisquet en riant d'une telle candeur. Un café où l'on s'assoit. C'est un endroit où l'on peut boire et bavarder tranquillement.

— Je vois, ment Minette.

— Je crois que tu ne vois rien. Si tu le veux, suis-moi. Je n'habite pas très loin d'ici. Tu as le temps ?

— J'ai la vie devant moi, dit Minette avec une solennité qui fait sourire Brisquet.

— Quel âge as-tu ? lui demande-t-il, soudain affectueux.

— Dix-sept mois, répond Minette en rougissant sous ses poils caramel.

— Alors tu viens ? » s'impatiente Brisquet.

Mais Minette est saisie d'une crainte. Ne serait-il pas détective ? Elle sait qu'il y a des détectives dans les rues qui poursuivent ceux qui s'enfuient de chez eux... Elle a lu la chose dans les journaux qui traînent dans le grenier. Ces mystères, fugues, poursuites, amours cachées, passions, jalousies l'ont tant fait rêver, même si elle ne comprenait pas tout à fait le sens des mots. Mais elle sent bien, maintenant, confusément, qu'elle est en train de vivre ce genre d'aventure époustouflante et dangereuse où l'on verse des pleurs, où le pouls bat si fort, où l'heure passe trop vite... Oui, Brisquet est sans doute un détective lancé à sa poursuite. Oui, il faut tout de suite en avoir le cœur net. Minette se tourne vers l'inconnu et lui demande hardiment :

« Quelle est votre profession, Monsieur ?

— Poète, répond mystérieusement Brisquet.

— Poète, ça sert à quoi ?

— À faire des vers.

— Des vers de terre ?

— Mais non, dit Brisquet en éclatant de rire. Je vois que tu as faim, toi. Allons, viens avec moi. »

Il l'entraîne avec une douce violence. Minette proteste mollement :

« Où ?

— Tu vois cette coupole dorée ? J'habite là-bas. »

Il lui montre très loin, au-delà des toits et des cheminées, une immense voûte qui scintille sous les étoiles.

« Je m'appelle Brisquet... », ajoute-t-il tendrement en lui tenant la patte.

Et ils s'éloignent, de toit en toit, dans la nuit, comme des amis qui se seraient toujours connus. Jamais Minette n'aurait imaginé, il y a quelques minutes encore, qu'elle se confierait avec un tel abandon à un inconnu. Mais qui sait pourquoi Monsieur Brisquet lui donne un tel sentiment de sécurité ? Qui sait pourquoi ses questions et ses sourires ne font pas naître en elle la moindre méfiance ? Elle éprouve au fond de son cœur un sentiment étrange fait de crainte et de détermination, de joie et de mélancolie. Monsieur Brisquet lui apparaît comme un ennemi et comme un complice. Jamais elle n'a raisonné ainsi. Mais Minette a-t-elle jamais réfléchi jusqu'ici ? Comme elle est loin, déjà, des poupées, des chocolats, de Miranda et de Mme Léon !

La terrasse ne reste pas longtemps vide. Voici qu'apparaît une chatte des gouttières, couverte de breloques et habillée de façon provocante. On l'a compris : ce n'est nulle autre que la grosse Lily, bientôt entourée d'autres chattes des rues. Elle est d'une humeur massacrante :

« Brisquet ! Brisquet ! Où te caches-tu ? Ce n'est pas vrai ! Il n'est pas là ! Et tout ça à cause de ce cochon de faux marquis qui m'a promis la lune avant de tomber, ivre mort, dans le caniveau... »

Cette dernière réplique secoue de rire les trois chattes qui l'accompagnent. Elles se donnent des coups de coude et commentent avec ravissement :

« Brisquet l'a plaquée ?

— Brisquet l'a plaquée ! Je l'aurais juré.

— Les poètes ont les qualités qu'il faut pour embobiner le cœur des midinettes.

— Tu pleures, la Grosse ? »

La grosse Lily hausse les épaules. Elle veut garder sa dignité. Elle se trémousse, mais ne peut s'empêcher de miauler avec nostalgie, en s'asseyant sur une gouttière qui tremble sous son poids :

« Je m'appelle Brisquet… », ajoute-t-il tendrement en lui tenant la patte.

Et ils s'éloignent, de toit en toit, dans la nuit, comme des amis qui se seraient toujours connus. Jamais Minette n'aurait imaginé, il y a quelques minutes encore, qu'elle se confierait avec un tel abandon à un inconnu. Mais qui sait pourquoi Monsieur Brisquet lui donne un tel sentiment de sécurité ? Qui sait pourquoi ses questions et ses sourires ne font pas naître en elle la moindre méfiance ? Elle éprouve au fond de son cœur un sentiment étrange fait de crainte et de détermination, de joie et de mélancolie. Monsieur Brisquet lui apparaît comme un ennemi et comme un complice. Jamais elle n'a raisonné ainsi. Mais Minette a-t-elle jamais réfléchi jusqu'ici ? Comme elle est loin, déjà, des poupées, des chocolats, de Miranda et de Mme Léon !

La terrasse ne reste pas longtemps vide. Voici qu'apparaît une chatte des gouttières, couverte de breloques et habillée de façon provocante. On l'a compris : ce n'est nulle autre que la grosse Lily, bientôt entourée d'autres chattes des rues. Elle est d'une humeur massacrante :

« Brisquet ! Brisquet ! Où te caches-tu ? Ce n'est pas vrai ! Il n'est pas là ! Et tout ça à cause de ce cochon de faux marquis qui m'a promis la lune avant de tomber, ivre mort, dans le caniveau… »

Cette dernière réplique secoue de rire les trois chattes qui l'accompagnent. Elles se donnent des coups de coude et commentent avec ravissement :

« Brisquet l'a plaquée ?

— Brisquet l'a plaquée ! Je l'aurais juré.

— Les poètes ont les qualités qu'il faut pour embobiner le cœur des midinettes.

— Tu pleures, la Grosse ? »

La grosse Lily hausse les épaules. Elle veut garder sa dignité. Elle se trémousse, mais ne peut s'empêcher de miauler avec nostalgie, en s'asseyant sur une gouttière qui tremble sous son poids :

« Je m'appelle Brisquet... », ajoute-t-il tendrement en lui tenant la patte.

Et ils s'éloignent, de toit en toit, dans la nuit, comme des amis qui se seraient toujours connus. Jamais Minette n'aurait imaginé, il y a quelques minutes encore, qu'elle se confierait avec un tel abandon à un inconnu. Mais qui sait pourquoi Monsieur Brisquet lui donne un tel sentiment de sécurité ? Qui sait pourquoi ses questions et ses sourires ne font pas naître en elle la moindre méfiance ? Elle éprouve au fond de son cœur un sentiment étrange fait de crainte et de détermination, de joie et de mélancolie. Monsieur Brisquet lui apparaît comme un ennemi et comme un complice. Jamais elle n'a raisonné ainsi. Mais Minette a-t-elle jamais réfléchi jusqu'ici ? Comme elle est loin, déjà, des poupées, des chocolats, de Miranda et de Mme Léon !

La terrasse ne reste pas longtemps vide. Voici qu'apparaît une chatte des gouttières, couverte de breloques et habillée de façon provocante. On l'a compris : ce n'est nulle autre que la grosse Lily, bientôt entourée d'autres chattes des rues. Elle est d'une humeur massacrante :

« Brisquet ! Brisquet ! Où te caches-tu ? Ce n'est pas vrai ! Il n'est pas là ! Et tout ça à cause de ce cochon de faux marquis qui m'a promis la lune avant de tomber, ivre mort, dans le caniveau... »

Cette dernière réplique secoue de rire les trois chattes qui l'accompagnent. Elles se donnent des coups de coude et commentent avec ravissement :

« Brisquet l'a plaquée ?

— Brisquet l'a plaquée ! Je l'aurais juré.

— Les poètes ont les qualités qu'il faut pour embobiner le cœur des midinettes.

— Tu pleures, la Grosse ? »

La grosse Lily hausse les épaules. Elle veut garder sa dignité. Elle se trémousse, mais ne peut s'empêcher de miauler avec nostalgie, en s'asseyant sur une gouttière qui tremble sous son poids :

« J'ai tant de matous qui me font des mamours. Mais Brisquet, c'était autre chose. C'était spécial. Très spécial. Les autres, c'était sardines tous les soirs. Lui... oh lui, c'était autre chose. C'était du verbe !

– Du verbe ? répète une des chattes des rues. Qu'est-ce que c'est, ça ? Je t'en fais cadeau !

– T'as eu tort de te laisser mordre par l'amour d'un chat de la haute... »

Il est vrai que, pour ces dames des rues, Brisquet doit apparaître comme un rupin. Elles continuent leurs sarcasmes :

« T'aurais dû t'en tenir au milieu.

– Il m'avait promis de me faire entrer au paradis des chats huppés, explique tristement Lily.

– En attendant, te revoici dans le purgatoire du trottoir. »

Cette dernière réplique fait éclater les deux autres de rire. Elles se renversent par terre en se frottant le dos sur le toit.

« Vous ne me comprenez pas », murmure la grosse Lily d'une voix douce et chantante. Et elle poursuit comme une berceuse tendre :

J'aurais mieux fait
De continuer
À me contenter
De mes amis
D'une seule nuit.
C'est sans façon
Mais c'est plus sûr.
Tant pis pour l'amour.
On souffre moins.
Ne pas aimer
C'est aussi ne jamais
Pleurer d'amour...

Et les trois chattes lui répondent, attendries :

T'aurais mieux fait
De continuer
À te contenter
De tes amis
D'une seule nuit.

Mais assez d'apitoiement. Les chattes se ressaisissent et tentent de redonner courage à la grosse Lily :

« La prochaine fois, tu lui casses la gueule.

— Tu lui coupes les moustaches !

— Moi, je lui couperais plutôt la queue.

— Bien dit, un chat sans queue, c'est comme un oiseau sans ailes, un éléphant sans trompe, une girafe sans cou, un rhinocéros sans corne. »

Ces conseils raniment la colère de la grosse Lily. Comment Brisquet a-t-il osé l'abandonner ?

« Il mérite un châtiment. Me laisser tomber comme ça, sans façon ! La chatte la plus désirée des faubourgs de Paris ! On dit que je suis ronde et grosse comme la plus belle des cochonnes. Et, pour la grosse Lily, ce n'est pas un mince compliment. »

MAIS laissons Lily et ses amies ruminer leur rancœur. Pendant ce temps, Minette et Brisquet entrent dans le Café au lait, où la nuit n'existe pas. Minette est stupéfaite de découvrir tant de bruits, tant de lumières, tant de gaieté à minuit passé. Dire que Bébé et sa mère dorment profondément à cette heure. Profondément ? se demande-t-elle. Peut-être sont-elles inquiètes de son absence ? Mais elle chasse aussitôt ce remords désagréable.

Autour d'eux, l'atmosphère est très joyeuse, mais l'air est enfumé. Minette n'est pas habituée à tant d'agitation, de rires, de cris. Il y a surtout des personnages qu'elle n'a jamais eu l'occasion de rencontrer. Brisquet se serre contre elle pour lui donner du courage, mais aussi pour montrer à l'assistance qu'il la prend sous sa protection, qu'elle lui appartient. Des regards envieux lui sont lancés. Quelques dames ricanent. Pour la plupart, ces dames sont des poules. Autrement dit, ça caquette. Ils prennent place, Minette et Brisquet, dans un coin où par miracle une table est restée libre. Ils se voient à peine dans le halo de fumée des cigares, des bougies et des vapeurs. Minette jette autour d'elle des regards à la fois épouvantés et émerveillés. Pourquoi tout le monde rit et crie ? De quoi sont-ils si heureux ?

Près d'eux, une cocotte, grasse, parfumée, emperlée, se renverse avec bonheur sur sa chaise. Les rouleaux de sa chevelure coulent dans son cou, pendant qu'un grillon malingre, sec et noir, lui offre un bouquet de fleurs flapies qu'elle rejette d'un coup d'aile méprisant.

Minette a trempé ses lèvres dans une coupe de champagne que lui a donnée Brisquet et demande en hoquetant :

« Comment ça s'appelle, quand la tête tourne ?

— Vertige, ivresse, dit Brisquet en tirant sur son cigare.

— C'est ça, je suis ivre, conclut Minette en fermant les yeux de ravissement. L'entrée dans le grand monde me donne le vertige.

— Tu n'as encore rien vu, réplique Brisquet en avalant une sardine. C'est juste un petit prélude. Il faut préparer le terrain, tu vois. »

Soudain, dans la rue que l'on voit par la vitrine embuée, passent des silhouettes.

« Je ne comprends pas, s'étonne Minette. Dites-moi, monsieur Brisquet, qui sont ces gens sans visage ?

— Bof, les humains.

— Qui c'est, celle-là ? murmure-t-elle, en montrant du menton sa voisine, la poule rieuse.

— Coco la cocotte.

— Et lui ? demande-t-elle, en indiquant le grillon.

— Un employé de banque qui n'a pas les moyens… »

Mais ils sont interrompus par les hurlements aigus de la cocotte, qui se dresse en manquant renverser la table. Tous les regards sont tournés vers elle, qui, constatant l'effet de ses cris, les redouble.

« Encore des poèmes ! Encore des fleurs ! Notre poulailler est devenu un jardin. Je préférerais des bijoux. Si seulement tu nous faisais voyager. Ah, partir…

— Pour aller où ? demande le grillon avec un maigre filet de voix. »

La poule hausse les épaules et se rassoit.

« Je ne sais pas moi. Aux Antilles…

— Pourquoi aux Antilles ? s'étonne le grillon.

— Pour voir les combats de coqs, évidemment !

— Je n'aime pas ça, chuchote le grillon sur un ton d'enfant capricieux.

— Toi, bien sûr.

— À l'île de Pâques alors ?

— Très drôle. »

« Je suis à l'étroit à Paris, ajoute la cocotte, je voudrais m'envoler… »

Brisquet se penche à l'oreille de Minette et murmure :

« Si elle croit qu'elle pourra s'envoler avec son gros derrière et ses petites ailes… »

Ce qui fait rougir Minette et lui fait détourner la tête.

« Je voudrais faire une croisière sur l'Atlantique, poursuit la volubile poule. Je voudrais de l'air… Je voudrais visiter Bornéo et Singapour. Je voudrais connaître le large, voguer sur le Mississippi. Je voudrais de verts horizons : avoir une propriété dans le sud de l'Angleterre et recevoir la princesse de Galles et les castrats du Vatican. Des fleurs, où voulez-vous que j'aille avec des fleurs ? Ça suffit. Ou alors je vais m'en faire une salade. C'est sans doute meilleur qu'à regarder. »

Brisquet ne peut résister au besoin d'intervenir et, se tournant carrément vers la poule, lui dit en la regardant droit dans les yeux :

« Quelle barbarie, Madame ! Manger des fleurs, flétrir des fleurs, meurtrir des fleurs !

La fleur de mon jardin
Qui éclôt le matin
Ne saurait dès le soir
Mourir sans désespoir…

— Qu'est-ce qu'il me veut, celui-là ? » s'indigne vulgairement la cocotte.

La violence de sa réaction choque Minette, qui prend aussitôt la défense de Brisquet, qui boit du petit lait, ce qui pour un chat est lourd de signification.

« Celui-là est un poète, Madame. Un chat qui pond des vers. Vous n'êtes pas aimable, Madame. Redites-nous encore votre poème, monsieur Brisquet… »

Brisquet ne se le fait pas dire deux fois et propose aussitôt :

« Avec variante, même, si vous voulez :

La fleur qui ce matin
Éclôt dans mon jardin
Se flatte de l'espoir
De vivre jusqu'au soir. »

La cocotte ne tient plus en place. Elle repousse la table

le Café au lait

devant elle et se plante sur ses pattes avec arrogance, les joues rouges de colère.

« De quoi je me mêle ? Moi, je me fous de la poésie. Je connais le mystère de la vie. Je n'ai pas de leçon à recevoir en matière de métaphysique.

— De quoi ? demande Minette, intriguée.

— De pataphysique, explique Brisquet avec assurance.

— Métaphysique, ignorant, coupe la poule. Tu connais quelque chose de plus énigmatique qu'un œuf, toi ? Tu ponds des vers, toi ? Moi, je ponds des œufs. Je te clouerai le bec, même si tu n'en as pas. Qui est né le premier, hein, l'œuf ou la poule ? »

Et, se promenant entre les tables de la clientèle médusée, elle chante en chaloupant, en roucoulant, en envoyant de tendres œillades à ceux qu'elle veut séduire :

Il n'est pas de mystère
Plus profond à nos yeux
Que de chercher la mère
Dans le blanc de nos œufs

Si je ponds chaque jour
Que Dieu fait un bel œuf
C'est qu'un puissant amour
Produit un poussin neuf

Du poussin à la poule
Et de la poule à l'œuf
Une énigme se moule
Comme dans du stuc neuf.

Tout le monde applaudit sauf Minette, Brisquet et le grillon, qui commente avec tristesse et un courroux rentré :

« Quel malheur de tomber amoureux d'une poule. Parce qu'elles pondent, elles se croient tout permis. Elles sont prétentieuses et pédantes. Et celle-là, elle pond plus haut que sa queue. Adieu, poulette. J'en ai marre. Trouve-toi un autre imbécile qui succombe à tes charmes. J'ai épuisé ma flamme. Je suis sûr qu'une limace, une tortue ou même une vipère sont au fond plus gentilles. En tout cas, tu ne voleras jamais de tes propres ailes...

— Un être sans avenir, sans charme, sans élégance, tranche la poule en se détournant du grillon, qui quitte l'assistance. À quoi peut-il prétendre ? Je mérite mieux. Justement... »

C'est alors que s'avance le hérisson, que la cocotte n'avait jamais remarqué, parce qu'il est extrêmement laid. Il lui offre un collier de perles...

« Voilà quelqu'un qui réunit tous ces atouts, s'exclame la poule avec enthousiasme en s'asseyant. Approchez, approchez. Ne soyez pas timide.

— J'ai peur de vous piquer..., s'excuse le hérisson. Permettez-moi, Madame Coco, de vous offrir ce modeste gage de mon admiration... Votre voix m'a convaincu, voici un collier de perles.

— Et ces petites dragées, vous allez les manger aussi ? » demande Minette.

La poule, de plus en plus exaspérée, fusille Brisquet du regard :

« D'où l'avez-vous sortie, celle-là ? Elle me fait rire ! Une perle, une dragée ! Ma vieille, tu n'iras pas très loin avec ce peu de flair féminin : une perle, une dragée ! »

Elle éclate d'un rire méchant et se tourne vers le hérisson :

« Viens mon petit chouchou, viens que maman t'embrasse pour ce joli petit cadeau qui ornera le cou de ta poule. Merci, mon amour !

— Mon amour ? demande le hérisson, extrêmement surpris.

— Oui, et si, la prochaine fois, tu me donnes la tiare en diamants, tu seras mon grand Amour.

— C'est ça, l'amour ? demande Minette à Brisquet.

— Il y a un peu de ça, répond-il, mais aussi autre chose.

— Ah, l'amour, c'est donc quand on offre des cadeaux ?

— Pas toujours. Parfois l'amour t'enlève des choses. Te vole. Et même te déchire.

— Alors l'amour n'est pas une fête ?

— Pas toujours, pas toujours. »

Minette pousse un profond soupir, qui inquiète Brisquet :

« Tu veux retourner chez ta mère ?

— Non, je ne ferai pas un pas en arrière !

— Si tu es décidée à franchir le pas, je t'emmènerai au royaume de la légèreté.

— Où est ce royaume ?

— Pas loin. C'est une ambassade. Tu ne sais pas ce qu'est une ambassade, n'est-ce pas ? »

Minette secoue la tête. Brisquet se rapproche un peu d'elle et l'enveloppe d'un bras :

« C'est le palais des bonnes manières, explique-t-il, c'est une maison où les bals, les dîners, les fêtes se succèdent au rythme endiablé d'une polka. Même les choses les plus sérieuses deviennent gracieuses, et les plus violentes doucereuses. C'est tout un art, Minette. »

Et déjà il l'entraîne hors du bouge.

« Qui habite ce palais enchanté ? demande Minette, en se laissant aveuglément guider, comme dans un rêve.

— Les diplomates.

— Qui c'est, ça ?

— Des gens qui transforment les tragédies en opérettes. C'est là que j'habite. Je suis le poète officiel de Lady Baby-Diamond. »

Ce nom étrange stupéfie Minette. Comment peut-on s'appeler ainsi ? Pour un nom, c'est un nom !

« Baby est un surnom, explique Brisquet avec désinvolture. C'est son coiffeur qui l'a ainsi baptisée. Il faut dire qu'elle est si capricieuse. Malgré son grand âge. Diamond, ça veut dire diamant…

— Oui, ce que la cocotte a réclamé au hérisson.

— Je vois que tu apprends vite, dit Brisquet avec un sourire.

— Oui, je vais être une très bonne élève. »

Brisquet se dit alors qu'il faut trouver à Minette un autre nom, tout de suite, un nom qui convienne au grand monde.

« Je vais te trouver un nom inoubliable. Rose… Rose-Mika… Je dirai que tu es ma cousine d'Argentine.

— Pourquoi Rose ? s'étonne Minette.

— Parce que c'est une fleur qui ressemble à ton museau. Tu es belle, ma reine… Tu aimes bien t'amuser, n'est-ce pas ?

— M'amuser, Monsieur Brisquet ? Qu'entendez-vous par là ?

— Eh bien, sauter sur les guéridons, faire tomber les verres… »

Il accompagne ses paroles de cabrioles. Minette bat des pattes joyeusement.

« J'en raffole, en effet.

— Dérouler les pelotes, griffer les sièges, manger dans les plats de la cuisine, déchirer les bas, faire pipi sur les tapis…

— Monsieur Brisquet ! le gronde Minette.

— Pas de manières, on est entre nous. Allons, avoue !

— Eh bien, de temps en temps, ce n'est pas de refus.

— De temps en temps ? Mais tu pourras le faire tout le temps ! Plus on fait de bêtises, plus on nous adore, on nous câline. Là où je te conduis, les chats sont rois. »

Et Brisquet chante une chanson sur le rythme à trois temps d'une valse qui le fait tourbillonner, en tenant Minette-Rose-Mika dans ses bras :

Être gris
À Paris
C'est plutôt normal.
Les chatons
Sans un rond
Vont toujours au bal.
Ils voient la nuit
Les yeux dans le soleil.
Pour eux tout luit
Ils ignorent le sommeil.
Être gris
À Paris
C'est plutôt facile
C'est le rêve à domicile…

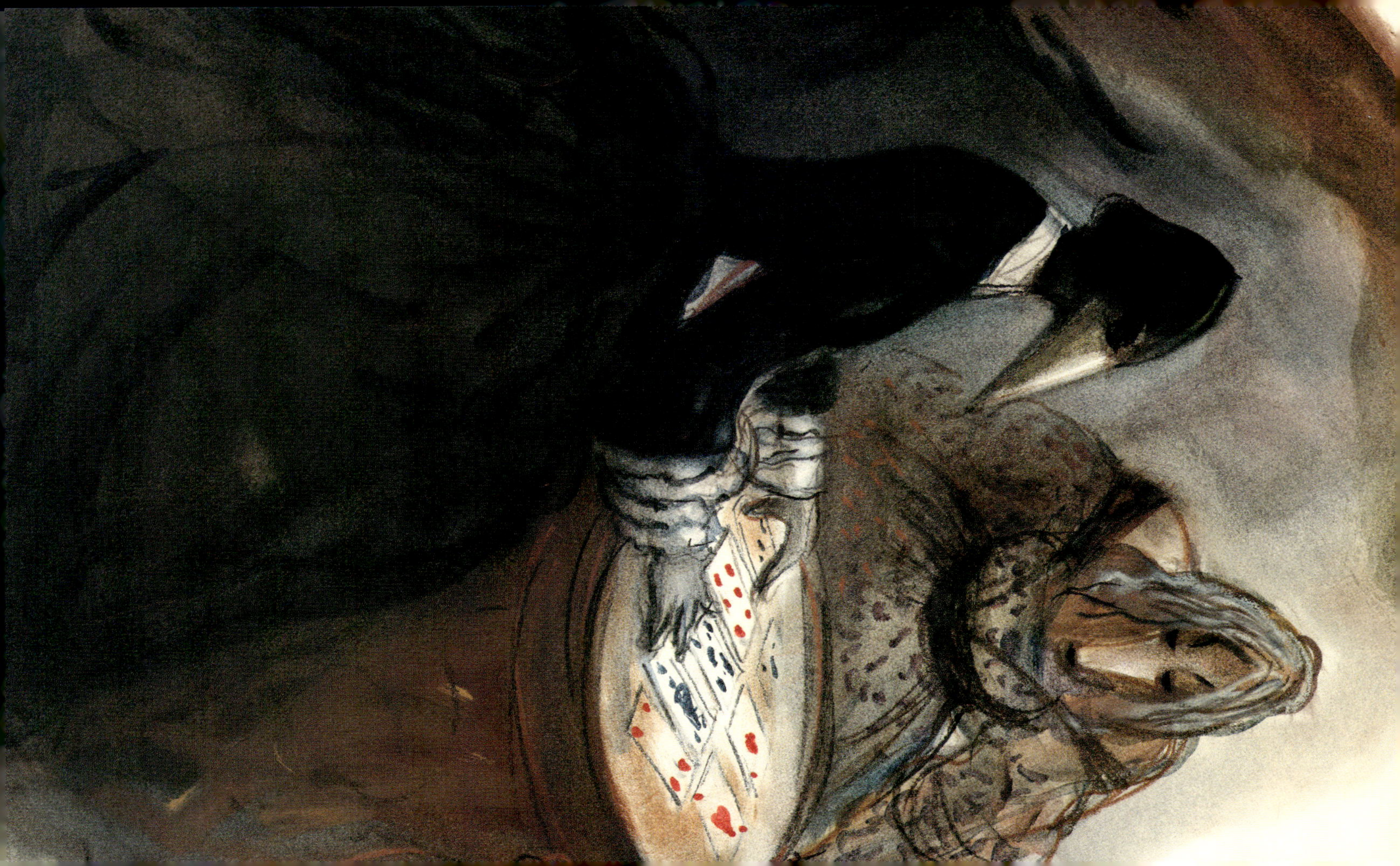

LADY Baby-Diamond est une chienne, élégante, dont les traits portent certes quelques traces des années nombreuses, parsemées de quelques excès. Elle a dans ses mouvements une certaine raideur, mais aussi de la vivacité. À l'instant où nous la surprenons, elle est assise dans son salon enseveli sous les tissus de moire et de soie, les dorures et les glaces, les tapis de Perse et de Chine, les bibelots et les porcelaines.

Elle est face à sa secrétaire, elle-même recroquevillée dans un fauteuil crapaud et penchée sur le guéridon qui les sépare. Cornélia (c'est son nom) manipule avec dextérité des cartes qu'elle regarde en plissant les yeux d'un air dubitatif, puis entendu. Elle sourit à sa maîtresse avec complicité, puis paraît plonger dans des rêveries énigmatiques, qui lui livrent des secrets d'elle seule connus.

Lady Baby-Diamond, qui porte bien son double nom d'enfant capricieuse et de richissime douairière, s'agite sur sa chaise tapissée. Elle n'a pas la patience d'attendre les commentaires de Cornélia, dont le bec caquette silencieusement. Les responsabilités de l'ambassadrice devraient la rappeler à son bureau. Mais sa curiosité de l'avenir la torture trop.

« Cette fois-ci, dit-elle d'une voix sèche, je veux absolument tirer la bonne carte. Depuis quelque temps, la bonne fortune nous fait faux bond. Tu ne me présentes qu'un avenir sans attrait. Quel ennui, ma petite ! Attention à toi. Ma patience a des limites. »

Cornélia sursaute sur sa chaise et regarde sa maîtresse d'un air craintif et méchant à la fois.

« Il n'est pas dit que je te garde éternellement à mon service », poursuit Lady Baby-Diamond.

La noire Cornélia pâlit de terreur et de mortification.

« J'aurais dû y penser plus tôt, dit l'ambassadrice. Les oiseaux de ton espèce, sous leur manteau noir d'affliction, nous portent la guigne.

— Vous vous égarez, Madame, proteste Cornélia. Si je puis me permettre, votre extrême anxiété vous représente le monde sous un jour désolé. Ce que vous espérez d'elles, les cartes généreuses vous l'offrent. Regardez ! L'as de cœur, dit-elle en lui tendant la carte avec triomphe. Il annonce une petite lumière qui vient danser pour éclairer votre vie.

— Une petite lumière ? répète l'ambassadrice. Petite ? Que c'est déprimant, déjà !

— Allons, pourquoi protester ? Une petite flamme peut faire naître un grand incendie, vous savez.

— Un grand incendie ? À mon âge ? ricane l'ambassadrice. Tu veux dire… l'amour ?

— Non, ce n'est pas exactement l'amour, Excellence.

— Une passade ? Pourquoi pas ? sourit Lady Baby-Diamond avec une complaisance de vieille femme flattée. Je ne suis pas contre. Mais à mon âge…

— Je vois deux lumières. »

Deux ? se demande Lady Baby-Diamond, rêveuse. C'est intéressant. Deux amants, ah, les frères Anderson, les héritiers siamois…

« Deux yeux, Madame, explique Cornélia pour dissiper tout malentendu. Deux yeux. Je veux dire, une paire d'yeux.

— Ah ? Deux yeux ? dit Lady Baby-Diamond, avec une moue de déception. Toi, tu vois, comme ça, deux yeux qui se promènent en l'air, sans visage, sans corps… Voyons, je vais t'aider, ce doit être les yeux de l'attaché militaire du tsar Nicolas de toutes les Russies.

— Pas du tout.

— Alors, les yeux aigue-marine de Lord Dartington ?

— Encore moins.

— Alors ce sont les yeux rubis du légat du pape ?

— Attendez… attendez, supplie Cornélia, je vois plus distinctement. Ces yeux sont entourés de quelque chose de doux, de moelleux…

— Moelleux ? Mais qu'est-ce que tu me racontes, Cornélia ? Tu as perdu la tête. Qu'est-ce que c'est que ce charabia ? Deux yeux entourés de coton… Mais quelle image dégoûtante ! Ça me donne la nausée, tiens. Oh, je suis lassée, ma chère. Tout m'ennuie. Les invités que j'ai chaque soir m'assomment. Pourquoi n'ai-je besoin de rien et manqué-je de tout ? Pourquoi ai-je tant vécu ? J'ai tout eu, j'ai tout consommé, qui pourrait éveiller mon désir un seul instant ? Ah… »

Mais l'ambassadrice n'a pas le temps de prolonger sa rêverie que déjà le lapin Victor, que nous avons aperçu au début de notre histoire en compagnie de Minette, pointe son museau rose dans l'entrebâillement de la porte. Il semble surpris par la pénombre et l'atmosphère opiacée du salon.

« Monsieur le Poète Officiel de Son Excellence Madame l'Ambassadrice du Royaume-Uni, Lady Baby-Diamond, Monsieur Brisquet, annonce Victor.

— Qu'il entre, qu'il entre, il n'aurait su mieux tomber », dit l'ambassadrice.

Pendant que Cornélia fait une grimace aigre de dépit, Brisquet se faufile souplement derrière Victor.

« Ma secrétaire prétend m'annoncer une lumière…, dit aussitôt Lady Baby-Diamond, en lui offrant sa patte maigre et froide à baiser. Peut-être en saurez-vous davantage. Qu'est-ce que vous m'apportez ? Un poème ?

— Vous voulez être surprise, Excellence ? demande Brisquet avec mystère.

— Comment le serais-je à présent, puisque tout le monde m'annonce une surprise ? Oh, ce que je m'ennuie ! Allons, vas-y, récite. »

Brisquet va entrouvrir les fenêtres et déclame, en se plantant au milieu de la pièce :

Ce soir, entre deux ardoises,
Ou le long d'une gouttière,
Je vois briller deux lumières
Qui de loin hautainement me toisent.

Elles m'invitent à m'approcher.
Je retiens mon haleine :

Il est trop tard pour déloger
L'amour qui vient à peine

De pénétrer mon cœur,
Enflammé par ces deux lumières,
Mélange d'opale et de poussières
D'or, d'argent et de pleurs.

C'est une impératrice statique
Qu'un frémissement de reins
Anime pourtant soudain
D'une force électrique.

Je suis déjà le serviteur
De cette impassible splendeur.

Cornélia a quitté la table et s'est réfugiée dans un coin du salon, tapie sur un pouf. Ses épaules sont secouées de tremblements sarcastiques. Elle murmure pour elle-même :

« Ce beau parleur est un malin. Il a sûrement écouté derrière la porte, comme toujours. Pour me voler mes idées et s'emparer des faveurs de ma maîtresse, il n'a pas son pareil, le salopard. »

Mais le chat poète est extraordinairement malin. Il connaît la solitude de l'ambassadrice et précise :

« Quand la nuit tombe, pour que votre sommeil soit serein, vous avez besoin d'un dernier geste de tendresse. Sur les toits de Paris, j'ai cueilli un petit trésor. Permettez-moi… »

Il esquisse alors un geste de révérence, comme pour commencer un menuet, mais se tourne, le dos courbé, vers la porte qui laisse apparaître l'exquise Minette, dans ses pauvres vêtements du temps de la pauvreté et de la jeunesse. Les yeux de la chienne Diamond étincellent dans l'ombre. Les reflets des bougies prennent place dans chacun de ses yeux, qui dansent comme des feux follets un soir de lune noire. Elle se lève et, agitant ses mains dans un geste impérieux, ordonne :

« Silence ! Que personne ne respire… Avance, ma chérie », dit-elle à Minette. Minette avance d'un pas hésitant. L'ambassadrice tourne autour de la chatte, la renifle. Soudain, elle pousse un cri et s'évanouit. Cornélia et Brisquet se précipitent à ses côtés. Cornélia sort d'un air blasé des sels des plis de sa robe.

« Voici des sels, Excellence. Des sels. »

Elle lui tapote les joues. Lady Baby-Diamond revient à elle.

« Que fais-tu, brute, lâche la Baby, tu me gifles à présent ?

— Prenez des sels, Excellence. »

Mais l'ambassadrice est hors d'elle.

« Des sels, mais quel besoin ai-je de sels ? Petite imbécile ! Chiure de mouche ! Quand me lâcheras-tu ? Quand cesseras-tu de t'accrocher à mes guimpes ? »

Lady Baby-Diamond a repoussé sa secrétaire d'un coup de patte et déjà court en tout sens, en frétillant d'enthousiasme.

« Du champagne ! Il faut fêter cette trouvaille ! Mais quelle idée de génie, Brisquet ! Seul un poète pouvait avoir cette inspiration ! »

Brisquet sourit d'un air enchanté et supérieur.

« Je suis ravie, heureuse ! Ma fille, tu es ma fille telle que je l'avais rêvée, dit l'ambassadrice à Minette. Viens, jouons, suis-moi. Fais des galipettes, chatouille-moi. »

Minette, timide et hardie en même temps, exécute les ordres, muette. L'ambassadrice éclate d'un rire voluptueux de danseuse chatouillée.

« Quel plaisir, quelle extase ! s'écrie-t-elle avec emphase. Depuis des siècles, nul n'osait m'approcher, me toucher. C'est sublime ! Arrête, trésor. Si je continue à rire, je vais exploser. Mon corset est très serré, tu comprends ? »

Minette s'immobilise et dévisage la chienne hautaine avec une expression de profonde perplexité.

« Non, elle ne comprend pas, soupire Lady Baby-Diamond avec un sourire apitoyé. Elle ne sait pas ce qu'est un corset. C'est une ceinture qui donne de l'allure. »

Une même mine déconcertée répond à cette définition.

« Non, elle ne sait pas ce que c'est, l'allure, dit l'ambassadrice. Je suis sotte. Où pourrait-on rencontrer une pauvre qui aurait de l'allure ? Ce n'est pas grave. Dès demain, tu auras ton corset. Cornélia va s'en occuper, n'est-ce pas Cornélia ? »

La secrétaire se raidit d'un air pincé : elle ne s'attendait pas à ces nouvelles fonctions, si humiliantes, si peu dignes de ses capacités.

« Ce soir, insiste sa maîtresse, tu prendras ses mesures et tu feras un corset, pour ma petite fille à moi. »

Elle prend un ton d'enfant joyeux et, se tournant vers le poète, elle lui fait les yeux doux en dodelinant de la tête, ses deux oreilles se balançant comme des breloques.

« Je n'aurai pas assez des jours de ma vie pour vous remercier, Brisquet. Vous êtes mon ange. Je vole, je rêve, j'exulte. Je ne connaissais pas cette sensation. »

Dans son excitation, elle suffoque, ses yeux se révulsent, elle halète, elle croit mourir. Diligente, la corneille volette vers sa maîtresse, sortant de ses jupons de satin noir le flacon de sels.

« Qui t'a demandé les sels, encore une fois, abrutie ? proteste l'ambassadrice en reprenant connaissance. Je suis enchantée, c'est tout. »

Elle contemple Minette, que tant d'affairement intimide.

« Voilà donc les lumières que m'avaient annoncées les cartes, s'extasie Lady Baby. Quel enchantement ! Quel ravissement ! Tant de grâce, de modestie, de simplicité ! Ah, la simplicité ! Je me mettrai à son école ! Je suis folle de bonheur ! Que d'authentique beauté ! De beauté sans fard ! Pour elle, évidemment, c'est possible. Moi, sans mes poudres, je l'avoue… Tu te rappelles, Cornélia, quand le consul d'Afghanistan a voulu me surprendre avant midi, l'autre jour, et qu'il m'a découverte au saut du lit…

— Comment l'aurais-je oublié, Excellence ? réplique sèchement la corneille. Son cri a brisé tous les miroirs du grand boudoir. Et c'est depuis que je suis sourde de l'oreille gauche.

— Mais qui cela peut-il intéresser, petite sotte ? »

La Baby se tourne vers Minette :

« Je suis folle de bonheur, répète-t-elle. Parle-t-elle ? Comment se nomme cette merveille ?

— Rose-Mika, votre Excellence ! ose enfin dire la nouvelle venue.

— D'Argentine.

— Oh, je connais déjà, dit avec dépit l'hôtesse. Bien, je me retire. »

Elle se lève et s'adresse à sa servante noiraude :

« Vous vous occuperez de cette enfant, Cornélia. Veillez à la transformer un peu. Son minois peut plaire aux invités. Je vais me préparer. »

Elle disparaît déjà dans un bruissement de soie.

« Oui, Rose-Mika, murmure-t-elle, en franchissant la porte. Ce n'est pas mal, ce nom. Et d'Argentine. Pourquoi pas ? Ça me distraira. Nous allons en faire la reine de nos salons. Dès ce soir, nous allons la présenter au cours d'une fête. Tu seras responsable de Rose-Mika. Sa femme de chambre. Sa servante. Sa bonne. Sa serpillière. »

Sa voix se perd dans un éclat de rire cruel. Cornélia, que la rage rend muette, trépigne et, retrouvant enfin sa voix, s'approche de Minette, à qui elle lance :

« Ce ne sera pas une partie de plaisir, fillette ! »

Minette se précipite vers Brisquet, se blottissant contre sa poitrine. Brisquet l'accueille avec un sourire satisfait, tandis que Minette murmure :

« Mais qu'a-t-elle contre moi ? Je ne lui ai rien fait, moi. Je n'ai besoin de presque rien. Qu'on me peigne, qu'on me nourrisse, c'est tout.

— Vous avez entendu Son Excellence, Cornélia, fait le poète. Les ordres de Madame ne se discutent pas. Vous devriez le savoir, depuis le temps… »

Cornélia tourne la tête dédaigneusement. Reprenant courage et se détachant de Brisquet, Minette dit avec plus d'assurance en s'approchant de la corneille, qui s'écarte avec dégoût :

« Je ne sais rien faire, ni coudre, ni cuisiner, ni danser. Il faudra tout m'apprendre.

— Viens, chérie, fait Brisquet en la prenant par le bras. Laissons Cornélia réfléchir à l'avenir. À tout de suite, petite. Ne sois pas trop amère. Ce sont les aléas des ambassades. »

Tandis que le jeune couple sort, patte dessus, patte dessous, Cornélia hoche la tête. La garce ! pense-t-elle. Quelle abomination ! Elle n'avait pas prévu cet outrage. Une chatte ! Brisquet ose amener ici même une grue qu'il a ramassée dans le caniveau et elle, Cornélia, était assez sotte pour le prévoir dans ses cartes ! Non, elle ne serait pas la servante d'une chatte de gouttière. Comment les cartes perfides avaient-elles pu annoncer l'arrivée de cette petite traînée comme deux lumières changeant la vie de Son Excellence ? Le jour de la vengeance ne tardera pas. Le jour où Cornélia ne plongera plus les mains dans la lessive, où ses yeux ne se poseront plus sur le pot de chambre de cette vieille toquée et où ses narines ne seront plus offensées par les négligences pestilentielles de Lady Baby-Diamond ! Malheureuse Cornélia ! Elle croyait annoncer un avenir souriant et elle en est la première victime. La voilà la servante d'une chatte de gouttière qui n'a connu que la misère. Les eaux immondes des caniveaux. Les fumées grasses des cheminées. Qui a dû se nourrir de rats porteurs de miasmes ignobles ! Ô pourriture, dégoût, calamité ! La nausée envahit la corneille. Sa patronne la torturait, mais du moins, elle lui épargnait ce fléau abominable qui ronge le monde : la misère.

Cornélia se met alors à chanter sa rage :

J'accepte de servir les princes de ce monde
Mais ne serai jamais de cette chatte immonde
La servante humiliée
Jamais je ne céderai
Ma place de favorite
aux intrigues d'un chanteur des rues
Et de sa grue.

La rage de Cornélia est totalement vaine, car, quelques jours plus tard, le grand salon de l'ambassade d'Angleterre est le théâtre d'une fête somptueuse, avec guirlandes, fanions, fleurs et innombrables chandeliers. Et, au bras de Brisquet, tiré à quatre épingles, la chienne Baby-Diamond paraît enchantée de la merveilleuse « party » qui s'annonce.

Elle a décidé de présenter au monde la nouvelle merveille des merveilles, Rose-Mika. Brisquet s'inquiète. Il n'a plus le même sourire conquérant. Est-il prudent, se demande-t-il à part lui, de présenter de façon si précipitée une chatonne dans le grand monde ? Passera-t-elle cette épreuve avec succès ?

« Il vaudrait mieux pour elle, Brisquet, lance la Baby avec un rire démoniaque de mondaine triomphante. Sinon, je la jette à la poubelle. Ha, ha, ha ! Vous ne croyez tout de même pas que je vais cacher cette petite merveille à la société parisienne qui m'entoure. Je ne voudrais pas qu'on déduise que je souffre d'une maternité coupable, que j'ai une faute à dissimuler...

— Mais peut-être aurait-il été plus judicieux de l'instruire un peu avant de la jeter ainsi dans la fosse aux lions, suggère Brisquet en s'asseyant sur un pouf aux pieds de la chienne qui s'étale sur un canapé de velours grenat. Vous savez que ce monde d'apparences, de miroirs et de rires est impitoyable, Excellence. Inhumain... »

Mais c'était bien là un adjectif dépourvu de sens pour la chienne. Que pouvait lui importer l'humanité ? Et peu importait que Rose-Mika survive ou non. L'ambassadrice estimait qu'elle n'avait pas de temps à perdre à instruire une sauvageonne des faubourgs. À son âge, se disait la vieille chienne, les minutes glissent entre ses pattes comme de capricieux grains de sable. Et puis, quel délice d'abandonner une innocente dans la gueule des fauves. Que la fête commence !

Précisément, revoici le lapin Victor, qui annonce les entrées successives des invités :

« Monsieur le Directeur de Cabinet de Monsieur le Ministre aux Affaires tragiques de la rue, de la mer et des lacs, et Madame. »

C'est un canard qui se dandine pitoyablement, accompagné de son épouse, une chienne que Lady Baby voit entrer sans plaisir. L'ambassadrice rappelle alors à son invité :

« Justement, vous m'aviez promis, Ministre, une promenade sur le lac Majeur, à moins que ce ne soit la mer de Glace ? Rafraîchissez ma mémoire.

– Le lac de Constance, répond le canard de sa voix nasillarde.

– C'est ce que je voulais dire, naturellement, riposte Lady Baby avec un froncement de sourcils, exaspérée. Il devait y avoir un ballet nautique ou du water-polo ?...

– C'était de la plongée, pour être précis, Excellence.

– Vous savez que je raffole de la plongée. Ça me fouette, ça m'enlève dix ans. Mais nous oublions votre charmante épouse. Votre robe est d'une élégance, ma chère ! Il me semblait vous l'avoir vue quand vous aviez donné ce récital... Vos aboiements nous arrachaient des larmes. Ces sons... on aurait dit le hurlement des loups de Sibérie.

– C'était du Mozart, Excellence, rectifie fermement la ministresse. Mozart m'inspire une grande passion, Excellence. »

La suite des invités est annoncée par le lapin qui, un couple après l'autre, les fait entrer :

« Son Excellence Royale Monsieur l'Ambassadeur du Royaume des Antipodes d'Outremer et des Indes orientales, et Son Altesse Sérénissime la Princesse des Îles Fortunées de la Haute-Barbade. »

C'est le couple formidable que constitue un souriceau et une lionne. Puis apparaissent une cigogne et un éléphant, ainsi présentés :

« Son Impériale Majesté Madame l'Impératrice des Nuées célestes du Septentrion, et Son Altesse Impériale, Monsieur, Roi de Papouasie, Prince Consort.

– Majesté, s'exclame l'ambassadrice, quel bonheur de vous retrouver ! Vous êtes l'un et l'autre les deux extrémités de notre existence. Vous, Madame, vous nous surprendrez toujours en renouvelant inépuisablement la vie. Je ne sais pas quand vous vous reposez. Dès que vous déposez un enfant, vous allez en rechercher un autre, et ainsi de suite… Quelle folie. Cette force de la vie !

— Je suis attachée par ma foi à la religion de la vie, explique la cigogne. Je consacre mes jours et mes nuits à la noble tâche de la perpétuation des espèces dans leurs innombrables variétés.

— Quant à vous, Monsieur, dit Lady Baby-Diamond en se tournant vers l'éléphant, chaque ride qui sillonne vos traits est un nouvel espoir d'éternité. Vous nous enseignez la résistance et nous encouragez à des efforts insoupçonnés qui nous poussent à surmonter les petites nuisances du temps qui passe…

— Il est vrai que je n'ai pas une grande notion du temps qui fuit, admet l'éléphant. Je crois vivre une minute quand des mois s'écoulent. Je me contente de suivre les règles qu'édicte la loi de la nature. Je n'ai pas le moindre mérite. »

Victor le lapin poursuit les présentations dès qu'apparaît une truie au bras d'un perroquet :

« Madame Victoire Tripoux, Présidente-Directrice générale des Établissements Tripoux et fille, Charcuteries fines et entrailles parfumées aux sept couleurs, et Monsieur Séraphin Pippo, Importateur d'objets exotiques divers, propres à égayer votre intérieur.

— Il faut toujours des gens simples dans une fête, n'est-ce pas ? soupire l'ambassadrice à l'oreille de Brisquet. Les gaffes de ploucs ravissent mes invités. Leur vulgarité les oblige à se racheter en donnant des sommes fabuleuses pour mes œuvres de bienfaisance.

— Je vous ai apporté quelques nouveautés, dit la cochonne, les bras chargés de charcuterie. Le boudin vert farci aux pistaches et à la bile, c'est excellent.

Personne ne sait mieux que vous transformer les entrailles, les zones intérieures pour ainsi dire, en œuvre d'art. Vous êtes une orfèvre des tripes. Les tripes, les tripes… certains évoquent sans plaisir cette réalité du corps. Mais ils oublient que c'est avec nos tripes que nous pouvons défier avec courage les épreuves que le destin nous réserve. »

Tel est le remerciement de l'ambassadrice, qui se tourne maintenant vers toute l'assemblée et déclare :

« Approchez, chers amis. Vous êtes tous très chers à mon cœur. Vous le savez, n'est-ce pas ? Je vais vous prouver la confiance que j'ai placée en vous. Je vous annonce le plus grand événement de ma vie. Je suis mère et Brisquet est le père... spirituel. C'est lui qui a eu l'inspiration. C'est un poète inspiré. On l'a toujours admiré pour cette raison. C'est lui qui a fait apparaître devant moi ma fille adoptive. Je vous rassure, c'est une chatte que notre poète a trouvée sur les toits de Paris. Elle va s'élever ce soir même, sous l'impulsion de vos compliments, au rang de mascotte. Allons, Brisquet, à mon secours. Exaltez avec vos mots choisis ce prodige inouï. »

Brisquet se plante alors au milieu du cercle formé par les invités et commence son discours :

« Son museau rose est une fleur d'Ispahan. Ses vingt-six dents impeccables brillent comme le collier de la tsarine Catherine. Son poil est plus doré que le maïs des plateaux aztèques et plus soyeux que les tapis de Manchourie. »

Mais déjà chacun s'impatiente et veut immédiatement que la mystérieuse beauté apparaisse. Brisquet se précipite pour aller chercher son amie. Or, à la place de Minette, c'est l'aigre Cornélia qui se présente en compagnie du poète, annonçant un contretemps.

« Contretemps ? s'indigne l'ambassadrice.

— La robe que vous lui avez offerte a brûlé, explique la corneille. Il ne reste plus que les boutons. »

Épouvantée, l'ambassadrice menace de mettre fin à ses jours sur-le-champ, mais grâce à Dieu, Brisquet a trouvé une solution. Il a vêtu Minette de la robe à paillettes que porte la poupée mécanique préférée de la vieille Baby.

« Que serait la vie sans un poète ? se demande l'ambassadrice. Que serait ma vie sans vous, Brisquet ?

— Dire qu'il y a des gens pour prétendre que les poètes ne servent à rien, conclut Brisquet avec fatuité.

— Faites-la entrer ! » ordonne l'ambassadrice.

Minette fait son entrée dans le salon. Tout le monde

s'exclame avec ravissement. Elle évolue parmi les invités en faisant des grâces exquises, habillée d'une robe somptueuse en brocart coquille d'œuf piqué de zircons multicolores, mais qui paraît un peu exagérée dans sa magnificence.

Pour s'épancher en toute liberté, l'ambassadrice se dresse avec enthousiasme au centre du salon et, tendant une main à sa favorite, chante :

Pour un soir de mélancolie
Il suffit parfois de peu de chose
Deux yeux qui brillent
Comme deux roses
Un peu d'ivresse
Beaucoup de folie
Et l'on délaisse
Les raisons
De s'attrister
C'est fou ce qu'on oublie
Vite l'amertume
Quand paraît
La beauté
Dût-elle s'en aller
Comme des ronds
De fumée
De fumée
De fumée
La beauté
Tristesse jeunesse
Jeunesse tristesse
La beauté
Part en fumée
Et nous revient
Plus tard
Quand il n'est pas encore
Trop tard
La beauté sous la forme d'une chatte apparue
À pas de laine, la nuit venue.

Cette improvisation poétique obtient un vif succès auprès des invités, qui ne tarissent pas d'éloges : « C'est adorable ! C'est charmant ! C'est raffiné ! C'est exquis ! Tout à fait ! Absolument ! Jamais rien vu de semblable d'Istanbul à Goa, de Vladivostok à Pernambouc. »

Mais la petite voix de Minette tente de résister à ce torrent d'exclamations :

« Mais non, je viens du grenier de Mme Léon, rue Monsieur-le-Prince. »

Rien n'y fait. Les invités sont ravis et émerveillés de cette adresse. C'est une ruelle d'un charme… d'un charme… bohème. Ce qui n'est pas l'avis de Cornélia, dont l'aigreur verdit le visage émacié. Quelle idée de la sortir de ce trou ! pense-t-elle avec une grimace qui creuse encore ses joues et bleuit les cernes sous ses yeux envieux.

« Ses pattes sont plus veloutées que les ailes des papillons de Java, du Kenya et de Colombie », murmure le canard.

La flatterie est une ignoble bassesse, commente intérieurement Cornélia. Aller jusqu'à imaginer des ailes qui poussent dans les pattes d'une chatte pouilleuse ! Pauvre papillon !

Mais Minette, trop sincère, ne peut s'empêcher de protester devant tant de compliments :

« Vous exagérez, Monsieur. J'avais si froid dans le grenier que mes pattes ont un peu pelé, vous savez. »

Cela suffit à autoriser les dames à se montrer moins bienveillantes.

« Les intempéries s'acharnent sur les miséreux… commencent-elles à faire remarquer fielleusement. La neige, la pluie, le froid sont leurs pires ennemis. La grippe, le rhume, la pneumonie sont monnaie courante chez les pauvres… Sans compter la tuberculose. »

La cigogne demande alors :

« Vous pensez qu'elle est malade ?

— Elle le sera… siffle la corneille dans un susurrement à peine audible. Il suffirait que des mains bien intentionnées ouvrent par une nuit d'hiver les fenêtres de sa chambre. »

Mais la sournoiserie de la secrétaire est prise en défaut

par la sincérité même de Minette, qui proteste de plus belle :

« Non, ne me flattez pas, Vos Seigneuries Sérénissimes, je ne suis qu'une petite chatte de mansarde. Je ne mérite pas tant d'éloges aujourd'hui.

– Et demain non plus ! lâche Cornélia avec un ricanement sourd.

– Je n'ai jamais connu les joies de la vie, poursuit Minette, qui n'a pas entendu. J'ai grandi sous les toits. Et si un poète ne m'avait rencontrée, je serais encore en train de miauler de froid et de faim. Je devais laper le fond du bol pour recueillir la dernière goutte de lait qu'avait oubliée la langue vorace de ma sœur, l'infâme Bébé. J'avais pour seule amie la souris Miranda de l'Armée du Salut. Une âme bonne et généreuse. Que nous avons grillée par mégarde.

– Oh ! s'écrie l'assemblée soudain apitoyée par le mélodrame.

– Souvent, elle nous apportait son bout de fromage, avec plus de trous que de pâte. Le froid s'infiltrait par les fissures des portes. Souvent, nous devions, Bébé (c'est ma sœur) et moi, nous blottir contre le corps de notre pauvre maman.

– Quel tableau ! fait Cornélia avec un sourire amer et méprisant.

– Mais elle ronflait si fort qu'on ne pouvait pas s'endormir. Quand le printemps arrivait enfin, nous étions épuisées. J'ai failli mourir d'une double pneumonie. Et ma grand-mère a été emportée par la peste. »

Il y a au moins quelque chose que personne ne pourra contester aux pauvres : l'art du mélodrame ! se dit chacun dans l'auditoire, gagné par une sensiblerie incontrôlée. Mais ce n'est pas pour plaire à Lady Baby-Diamond, qui secoue ses invités. Elle a adopté Rose-Mika pour la faire rire, non pour que tout le monde gémisse !

« Ça suffit, ces jérémiades ! crie l'ambassadrice. Maintenant, j'incite chacun d'entre vous à offrir à Mlle Rose-Mika ce qu'il a de plus précieux. N'est-ce pas, chers ? »

Et chacun s'exécute. La lionne offre, pour sa part, une descente de lit trouvée en Afrique, au bord du fleuve Congo.

Une peau de zèbre pour le petit matin de sa nuit de noces, pour y poser sa patte charmante.

« C'est mon enfant, ma chère, proteste l'ambassadrice. Nous fêtons une naissance, pas encore un mariage. Vous voulez que le destin déjà me l'arrache ?

– Au plus vite, au plus vite ! chuchote avec haine Cornélia.

– Qu'est-ce que c'est, une nuit de noces ? demande Minette.

– Je te l'expliquerai plus tard, en tête-à-tête », dit Brisquet.

La cigogne sort des plis de sa robe un serpent aux yeux de saphir : un bracelet précieux. Mais la cochonne, préférant des joyaux plus éphémères, présente, pour parfaire la parure, un collier de saucisses. Et la chienne, elle, offre un tibia d'agneau incrusté de rubis.

« Je ne mérite pas tant de bonheur », dit Minette avec des sanglots dans la voix et en enchaînant sa chanson :

C'est à Brisquet
Que vous devez
Désormais
Adresser
Vos compliments !
Et pour être charmants
Vous devez maintenant
Lui offrir vos présents !

Dans un état de totale exaltation, l'ambassadrice, surexcitée, exige immédiatement une couronne, un sceptre, pour faire officiellement Minette reine de beauté ! Elle s'amuse comme une folle, elle se donne elle-même le vertige.

« Cornélia, vieille cloche, ordonne-t-elle, apporte-moi tout de suite la couronne de la reine d'Angleterre.

– La couronne de la reine d'Angleterre ? répète l'assemblée avec stupéfaction.

– C'est une copie, explique l'ambassadrice. C'est du toc qu'on expose au petit peuple pour qu'il s'extasie et comprenne qu'il restera toujours pauvre. Il faut que les pauvres sachent qu'ils ne grimperont jamais au sommet des têtes couronnées. Comme je m'amuse ! »

Mais Cornélia, qui a dû obéir, revient bredouille. Elle ne peut pas ouvrir la vitrine où la couronne est exposée. Les servantes ont égaré la clé !

« Vous semblez ne pouvoir faire autre chose que me contrarier ! hurle Lady Baby-Diamond. Allez chercher une hache. Fracassez cette vitrine. Ou c'est votre crâne que j'ouvre en deux et je mange votre cervelle, ignoble volatile de malheur ! Vous êtes ici pour m'obéir et satisfaire sur-le-champ toutes mes volontés, volaille noircie à la suie ! »

Mais Victor, qui conserve un double de chaque clé de la résidence, apporte les bijoux. Il couronne aussitôt Rose-Mika, dans les exclamations d'enthousiasme de l'assemblée, dont s'isole Cornélia, profondément dépitée d'un tel triomphe. Et chacun chante :

L'amour seul peut inventer la beauté
Car la beauté est sans effet
Si elle n'est poudrée
D'un peu d'amour
Et de beaucoup de plaisir
Qu'il faut toujours
Savoir saisir
Il suffit d'un soir
Et de beaucoup d'espoir
Pour régner sur un cœur
Et oublier sa peur.

L'émotion et la fatigue sont venues à bout de Minette, qui perd connaissance, emportée délicatement par Victor et Brisquet.

« Elle est fragile, la pauvre…, commente l'ambassadrice. Il faut reconnaître qu'il n'est pas simple, pour une ancienne clocharde qui fouillait dans les poubelles, de se retrouver reine du jour au lendemain. Même avec une fausse couronne ! La vie est devenue pour cette chatte une boîte à sardines… Je veux dire une boîte à surprises ! Passons à table, j'en ai assez de ces sottises. »

Toute l'assemblée suit l'hôtesse dans la salle à manger, cependant que, restée seule, Cornélia croit étouffer de rancœur et de désolation :

« J'étais sûre qu'elle crèverait, la salope. Ha, ha, ha ! Et si demain elle ose se réveiller, je la forcerai bien à se rendormir. Et avec une pince, je lui arracherai chacun de ses poils. Avec un marteau, je lui casserai chacune de ses quenottes. Et avec des aiguilles à tricoter, je lui crèverai les yeux. On verra bien ce qu'elles deviendront, ces émeraudes devant lesquelles s'extasient tous ces imbéciles. Avec une paire de ciseaux, ils verront ce que je ferai de ses oreilles. Quand elle se réveillera, si elle se réveille, je lui présenterai un miroir. Elle pourra admirer le résultat. La garce comprendra alors sa vraie nature. Tu parles d'une reine de beauté. Impératrice du caniveau, oui. »

Victor, qui est entré sur la pointe des pieds, a entendu ces derniers mots. « Mes pas, mes yeux, mes oreilles te suivront, te traqueront, ne te lâcheront pas, pense-t-il. Tu peux me faire confiance, sac à plumes pouilleuses, vomissure de l'enfer. Si tu oses toucher à un poil de ce trésor que le ciel a mis sur mon chemin, ta tête de plumeau pelé explosera. Je te tirerai une balle entre les deux oreilles. Tu seras sourde, aveugle, énucléée. Le cauchemar que je te réserve ne pourrait même pas être conçu par ta cervelle aigrie de guenon volante. Je serai le discret janissaire de l'adorable Rose-Mika. »

Et il chante à son tour :

J'ai l'œil
Sur vos simagrées
Et vos manigances
Vous savez flatter
L'orgueil
Des nouveaux venus

Et vous voulez lui réserver
Un sort
De traîne-misère
Mais la loi du plus fort
Est la loi de la rue
Je vous offre un trésor
Qui sert à vos ruses
Bien malin qui abuse
La reine des salons
La reine des chatons.

LAISSONS s'affronter ces deux ennemis et retrouvons, dans le boudoir, Minette, allongée sur le canapé, cependant que Brisquet se penche au-dessus de la chatte qui s'éveille.

« Cet évanouissement ne ternit pas ton triomphe, la rassure-t-il. Au contraire. J'avais donc raison. La simplicité resplendit dans un monde de légèreté. Tu es fragile, tu es un vent de fraîcheur qui soulève la poussière du cynisme qui étouffe le monde… Tu es mon œuvre, Rose-Mika. C'est à toi que je devrai ma future richesse…

— Que dites-vous ? demande Minette.

— Eh bien, je suis payé pour ça, explique-t-il. Pour amuser Lady Baby-Diamond. Et une trouvaille comme vous, ça n'est pas gratuit.

— Et maintenant que votre affaire est conclue, vous allez me quitter ? interroge candidement Minette.

— Vous quitter ? Divine Rose-Mika, je vous adore !

— Oui, je connais ce mot…, dit Minette en reposant sur l'oreiller sa tête rêveuse. J'ai entendu parfois, le soir, sur les toits, les gros matous qui prétendaient être dévorés de flammes… »

Et les toits de Paris, tels qu'elle les voyait des lucarnes du grenier, lui reviennent en mémoire, l'emplissant d'une déchirante nostalgie. Elle se tourne vers Brisquet quand elle sent que les larmes menacent d'embuer sa vision.

« Ce soir, Monsieur Brisquet, lui dit-elle, vos yeux brillent comme les leurs. N'est-ce pas un peu précipité, tout cela ?

— Quoi donc ? demande Brisquet sans comprendre.

— Eh bien, cette agitation, ces frémissements, ces troubles… Cette ardeur, comment dire… mâle.

— Mâle ? répète Brisquet avec amusement.

— N'est-ce pas ainsi que l'on dit ? Quand un mâle veut séduire une femelle ?

— Restons dans la poésie, proteste Brisquet en riant, dans l'enchantement de la vie. Rose-Mika, je vous adore. »

Et il dépose un baiser dans son cou. Minette frissonne et tente de se ressaisir :

« Non, pour éveiller mes sentiments, appelez-moi Minette.

— Minette…

— Alors, maintenant vous pouvez dire le mot.

— Quel mot ? s'étonne Brisquet.

— Le mot que l'on dit dans ces cas-là. Quand on adore.

— Amour ? »

Brisquet a pris un ton goguenard pour prononcer ces deux syllabes.

« Répétez-le, ordonne Minette avec une autorité nouvelle dans sa bouche.

— L'amour est un voyage sur le fleuve des rêves, ma chère.

— Où se trouve-t-il, ce fleuve-là ? demande Minette. Il ressemble à la Seine ?

— Si l'on veut.

— Pourquoi riez-vous ? Qu'ai-je dit de si drôle ?

— Parce que c'est un fleuve plus large, plus long, plus profond.

— Le fleuve Amour ?

— Oui, le fleuve Amour où je vais vous emmener ce soir.

— On part déjà ? Appelons vite Cornélia. »

Minette tente de se lever, mais Brisquet la retient sur le lit entre ses deux pattes.

« Qu'elle fasse mes bagages, poursuit Minette, dont la voix peu à peu faiblit. Je dois emporter mes manchons de vison, ma capeline de satin, mes robes de velours de soie des Indes, bref, tout ce que Madame a eu l'amabilité de m'offrir. Et écrire un mot pour la remercier et la prier de ne pas s'inquiéter, nous reviendrons, non ? »

Soudain, son joli minois s'assombrit. De tristes pensées traversent sa tête :

« Mais j'ai un remords, explique Minette. Une nostalgie trouble mon cœur. Ma vie s'est transformée avec une telle ferveur… Je suis passée du gris de la brume à la splendeur

des lumières d'un bal. Je dois partager ce bonheur avec les miens. Je voudrais emmener ma mère et ma sœur pour qu'elles jouissent comme nous de notre voyage.

— Mais Minette, ma Rose-Mika, c'est un voyage à deux..., dit Brisquet en l'enveloppant tendrement, puisque nous ne partons pas au-delà de ce lit... Viens donc, près de moi, plus près...

— Nous ne partons plus ? demande Minette avec un sourire qui montre qu'elle comprend plus qu'elle ne voudrait le laisser entendre.

— Si, mais pour un voyage plus doux, plus secret, plus intime... Écoute ce poème :

Même si jamais
Je ne dois recommencer...
Nous allons embarquer
Sur le navire-lit
Et quitter la rive
De l'ennui du jour.
Nous allons naviguer
Sur le fleuve Amour,
Sans autre équipage
Que nos deux regards.
Nous allons aborder
Sur la rive du Temps
Qui n'a pas de futur
Qui n'a pas de passé.
Nous sommes déjà là
Où nous serons demain.
Nous sommes encore là
Où nous étions hier.
Il n'y a que le présent.

Et Minette lui répond :

Les mots que je te dis
Les mots du fleuve Amour

Les mots de l'arc-en-ciel
Les mots de la profonde nuit
Sont les mots de toujours.
Ne les oublie jamais
Car ils sont éternels,
Même si je ne les répète plus.
Ce que je dis, tu l'as toujours su,
Ce que je fais,
C'est pour l'éternité !

Et la nuit se fait sur le couple d'amants.

TANT de luxe et de bonheur ne doivent pas nous faire oublier que, pendant ce temps, la mère et la sœur de Minette n'ont pas quitté leur mansarde, où le vent souffle à travers les vitres brisées. Elles sont là, toutes les deux, seules et toujours pauvres et déchues. La mère porte à présent d'épaisses lunettes noires. Elle est en train de découper une robe en papier. Et Bébé bouche les trous de souris avec des planches, qu'elle cloue avec un marteau…

« Y a pas à dire, dit la mère dans son franc parler, tentant de recouvrir le vacarme que fait sa fille. Toi, t'es réglo. Y a pas mieux comme fillette. Si seulement ta frangine t'imitait. Pas une bafouille, la garce, elle nous a envoyée. Pas une sardine. Même à moitié bouffée. Tu parles, si je dois attendre de devoir passer l'éponge. La vie est chienne, tu sais. Quand elle rappliquera, la Minette, je la reconnaîtrai même pas. »

Et elle passe les pattes devant ses yeux.

« Bientôt, ce sera le grand tunnel, cocotte. Regarde un peu, avec ces carreaux noirs, c'est la nuit comme au pôle nord. Y a que des ombres qui me saluent. Tes oreilles, qui me rendaient folle de bonheur tellement elles étaient à croquer, je les vois même plus. Mon bébé préféré.

— Arrête, Maman, proteste Bébé en abandonnant son marteau et en se précipitant pour la serrer entre ses pattes. Tu sais que je n'aime pas pleurer.

— Tu connais pas la dernière ? demande la mère en se ressaisissant. La vieille Cochonnet, tu sais, la concierge du 5, m'a refilé une pile de vieux journaux. Ça m'a donné des idées.

— Tes boulettes de papier à la sauce tomate n'étaient pas très réussies, la dernière fois, dit Bébé en se remettant à frapper sur le sol avec le marteau.

— Mais qui parle de tambouille ? C'est du passé, tout ça. Tu sais ce que j'ai trouvé comme moyen de calmer ma fringale ? Je léchouille autour du trou de souris.

— Ça aussi, Maman, ce sera bientôt du passé. »

Bébé fait ici allusion aux trois pneumonies successives que sa mère a attrapées à cause de ces maudits trous de souris. Il souffle un air glacial. On a prêté à Bébé de quoi boucher ces gueules de l'enfer. Mais sa mère a l'impression que sa fille cloue sa boîte pour son dernier voyage, quand elle écoutera le tic-tac de la dernière horloge.

Mais elle n'entraînera pas Bébé dans le désespoir. Car l'énergie et la vitalité de la jeune chatte ont un secret : elle a un fiancé ! Elle vient de l'annoncer à sa mère, que cette nouvelle plonge dans une humeur nostalgique : elle se souvient du père de Minette et de Bébé.

« Dans les pattes de ton paternel, avoue-t-elle à Bébé, les heures, ça valait des minutes. Et l'attente, des siècles. À chaque pas dans l'escalier, je me disais : il me revient avec un poisson dans la gueule. Un baiser sans l'odeur de sardine, c'est pas un baiser, je me disais. Tiens, ça me ferait pleurer rien que d'en parler. Alors, ce fiancé, il est comme il faut, au moins ?

— Ce qu'il y a de mieux, répond Bébé non sans fierté. C'est un agent de la paix.

— Ben dis donc, un ange de la paix ! s'écrie la mère, qui devient un peu sourde.

— Un agent de police, ça veut dire, précise sa fille avec agacement.

Bébé continue à taper furieusement pour boucher les trous. L'idée que sa mère veuille qu'elle s'habille avec ces journaux la met hors d'elle. À la première pluie, au premier coup de vent, sa robe partirait en lambeaux. Des haillons ! Elle ne va pas mettre cette horreur… Leur garde-manger est vide, leur cheminée froide, elles reprisent inlassablement la même robe. Quand la misère finira-t-elle ? Parfois, Bébé envie Minette. Elle aurait dû faire comme elle. À quoi cela sert-il d'être honnête ? Pour ce qu'on y gagne… Au contraire. La misère ne fait que créer le besoin et la dépendance…

« Minette n'a pas de cœur, ça, c'est sûr, convient la mère. Pour nous, les chats, y a une qualité qui vaut tout. La tendresse. L'affection. C'est vrai, on nous dit libres. On aime ça,

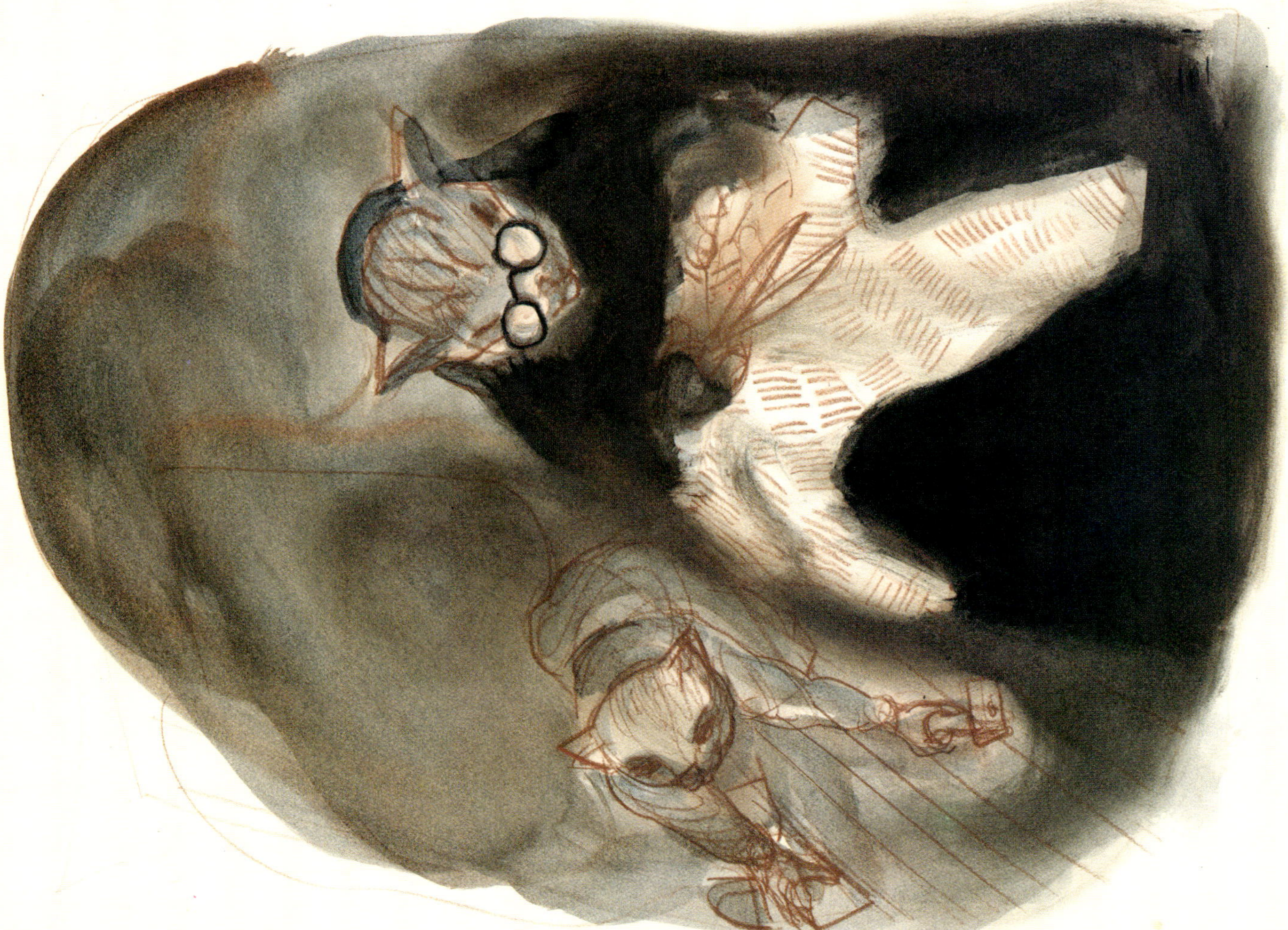

courir quand on veut. Mais on s'attache aussi. La famille, ça compte. Ta sœur, c'est une autre chanson. Elle nous a oubliées… On dit qu'elle a un poète dans la peau. Qui sait ? Peut-être qu'elle se la coule douce, loin de nous ?

– Loin de ce taudis, c'est sûr, dit Bébé. L'autre soir, j'ai rêvé qu'elle était morte, au fond d'un caniveau…

– Ne dis pas ça, riposte la mère. C'est quand même la chair de ma chair. Moi, de la savoir crevée, ça me ferait quelque chose. Pas toi ? Elle a peut-être échappé à la dèche et nous reviendra friquée… Viens, cocotte, je te fais passer mon dernier chef-d'œuvre. »

Pendant l'essayage, elles chantent un duo à la fin duquel Bébé est vêtue d'une robe incroyablement extravagante.

Peut-être le rêve
Du bonheur
Est-il préférable
Au bonheur lui-même.
Peut-être l'ombre
De l'amour
Est-elle plus douce
Que l'amour
En pleine lumière…
Une robe de papier,
Cousue avec des larmes,
Est plus belle
Qu'une robe de soie
Oubliée aussitôt
Qu'acquise,
Et mise…

Mais Bébé s'en va en haussant les épaules, habillée de sa robe en papier. La mère reste rêveuse en lui préparant une coiffe, quand on frappe à la porte.

« Il n'y a personne », répond d'autorité la mère.

Encore les coups de marteau de Bébé qui auront réveillé les voisins.

Mais c'est la voix de Mme Léon que l'on entend, de l'autre côté de la porte :

« Ouvrez donc, c'est moi, c'est Mme Léon. C'est votre maîtresse. »

Comment ? pense la mère. Déjà de retour ? Elle la croyait dans les Alpes suisses. Avec des coucous. À s'empiffrer de chocolat.

« Le vent a tourné, gémit Mme Léon. Ouvrez !

– On ne s'affole pas, réplique la mère en laissant son ouvrage. Je m'amène. »

Elle avance à tâtons jusqu'à la porte. La maîtresse entre, défaite, hagarde, un bol vide dans la main.

« Du pain ! Du pain ! Une goutte de lait ! supplie-t-elle.

– Mais quelle mouche vous a piquée ? demande la mère.

– J'ai traversé les Alpes à pied. Mille fois, mille fois, j'ai failli finir dans la gueule d'un loup.

– Qu'en avez-vous fait, de votre milliardaire suisse ?

– Il m'a plaquée. La Suisse m'a ruinée. Le chocolat me donnait des boutons. Il n'aimait pas ça. »

La mère n'est pas étonnée. Sans doute y a-t-il une rivale ? Pas du tout. Le milliardaire n'a pas abandonné Mme Léon pour une autre, il est mort. Mort ? Était-il si vieux ? Non, un accident.

« Il est mort dans l'incendie du Zeppelin qui le conduisait à Buenos Aires, où il allait vendre ses coucous suisses, explique Mme Léon entre deux sanglots. Il n'avait que des dettes et des femmes dans chaque port. J'ai été séduite par un escroc à la petite semaine, ma chère. Moi, Mme Léon de la rue Monsieur-le-Prince. Quelle humiliation ! »

La mère, attendrie devant tant de candeur et de désespoir, s'avance pour la serrer dans ses bras. Mais Mme Léon retrouve soudain sa vitalité et annonce fièrement comme dans un demi-sommeil halluciné :

« Je vais me faire nonne dans un couvent des Alpes suisses. Je suis envoûtée par les coucous. Non, j'irai plutôt au Tibet. Dans une lamaserie. Je me lèverai à l'aube. J'invoquerai les divinités de l'Everest en frappant sur une cloche de

bronze. Là-bas, les dieux sont des chats, non ? Tu m'accompagneras. À moins que je ne devienne astrologue, pour mettre en garde toutes les femmes naïves contre la séduction des milliardaires suisses. Non, l'Armée du Salut. Il n'y a que ça de vrai. Comme Miranda. C'est elle qui parlait de l'Armée du Salut, non ? C'est ça, l'Armée du Salut, au Tibet, dans une lamaserie, avec un coucou suisse. C'est ce qu'il me faut. Et dès que j'aurai ma cellule, je te ferai venir avec tes filles. Nous fabriquerons des armes. Comme ça, j'abattrai tous les Zeppelins. Il faut entrer en guerre contre les hommes. Nous allons les écrabouiller tous. Il faut commencer dès à présent. Je vais me poster à la fenêtre et, dès qu'il en passe un, je le liquide. »

Des coups violents arrêtent ce délire.

« Le bruit vient de là-bas », indique Mme Léon en revenant à la réalité et en montrant un trou de souris que Bébé vient de boucher.

« C'est fermé, dit la mère en s'approchant du trou. Revenez lundi. Ma fille a bouché le trou. C'est pas l'envie de vous bouffer qui me manque, mais j'ai plus accès au garde-manger.

— C'est Miranda ! murmure une voix ferme.

— Je savais que son fantôme reviendrait nous hanter ! chuchote la mère, terrifiée, à l'oreille de Mme Léon. Je le savais. Je l'avais dit. Je n'aurais jamais dû, mais jamais, essayer de bouffer une amie ! Les rôtis ont donc une âme.

— Mais calmez-vous, lui dit Mme Léon. Entre folles, nous allons nous aider. J'ouvre. »

Joignant le geste à la parole, la maîtresse retire le bois, et entre Miranda, qui, depuis son accident, est devenue un peu noire. Elle a un air tout à fait exotique, un air des îles. Elle est suivie d'une plus petite souris.

« C'est bien moi, dit Miranda.

— Non, ce n'est pas elle, riposte la mère en la dévisageant. Vous êtes très jolie, mais vous n'êtes pas Miranda. C'est une souris africaine qui veut prendre la place de Miranda, murmure-t-elle à Mme Léon.

— Mais enfin, puisque je vous le dis, je suis Miranda. Un peu bronzée. »

Et elle enchaîne des explications dans une rumba endiablée :

La chaleur m'a bronzée
Au fond de la cheminée
J'ai sur la peau les frissons
D'un soleil intérieur
J'ai sur la peau le bronze
Et l'or de l'Afrique
J'ai sur la peau les couleurs
De la chaleur
De la passion
Rumba mon cœur
Rumba chaleur
Rumba couleur
Le soleil de l'Afrique
Est venu me chercher
Au fond de la cheminée.

Les sacrifices qu'elle a consentis ont profondément altéré la couleur de sa peau. Et l'ont embellie. C'est un signe des dieux.

« Et la naine, derrière, c'est ton lardon ? interroge la mère sans façon.

— Non, j'ai su que vous étiez affamées, déclare Miranda. Je viens vous l'offrir.

— Mais c'est atroce, ce que vous dites, proteste Mme Léon en s'enfuyant. Je vais à la Madeleine m'acheter un billet pour Katmandou. »

Restée seule avec les deux souris, la mère se rapproche de la plus petite :

« Évidemment, chérie, qu'on ne te bouffera pas. Tu es une poupée. Merci, Miranda, on apprécie le geste. Mais, tu sais, on a l'estomac comme une figue sèche. Il n'y entre plus rien. Nos dents ont perdu l'habitude. On a les mâchoires rouillées. Même un cafard, tu vois, ça passerait pas.

— Eh bien, les temps changent, constate Miranda. Même les chats sont devenus inoffensifs. Et philosophes avec ça. Je vous laisse. Il se fait tard, je dois donner un cours de samba.

— Hi ! Hi ! Hi ! fait la petite souris.

— Ne pleure pas, chérie, dit Miranda en la berçant entre ses pattes.

— On lui a flanqué la trouille ? demande la mère.

— Non, non, répond Miranda. Elle a été élevée chez les sœurs du Sacrifice. Comme moi-même. Elle a été préparée au martyre. Son idéal est de mourir sous la dent d'un pauvre. Ne pleure pas. On te bouffera demain au plus tard.

— Quel destin ! s'étonne la mère.

— Oui. Elle n'en démord pas. J'ai essayé de la distraire avec mes danses africaines. Mais elle s'en fout. C'est une souris catholique. Allons, chérie. Suis-moi. »

Miranda reprend sa rumba, suivie par la petite, qui ne cesse de pleurnicher. Elles sortent en musique. À peine ont-elles disparu que Bébé réapparaît à la fenêtre.

« Qu'est-ce que c'est que tout ce vacarme ? Tu m'inquiètes, maman. Il te faudrait une potion. Dès que j'ai le dos tourné, tu parles avec des fantômes. »

La mère raconte aussitôt les deux visites successives. Mais Bébé n'en croit pas un mot. Elle est convaincue que sa mère est devenue folle. Elle se tourne, avec tristesse, vers le chien qui la suit et entre à son tour dans la pièce : c'est l'agent Fanfounet, son fiancé, un caniche qu'aperçoit à peine la mère.

« Fanfounet adoré, explique-t-elle, nous sommes au cœur d'un mélodrame où des humains ont été remplacés par des chats. Ma mère est bonne pour l'asile, comme vous l'avez constaté. Ma sœur fait sans doute le trottoir. Et ma robe est en papier. »

Mais l'amour l'emporte. Le caniche ne pense qu'au bonheur qui l'attend avec Bébé et trouve la situation moins désespérée que ne le croit sa fiancée. Il la saisit par la taille et la fait tourbillonner dans la pièce au rythme d'une valse :

Peut-être un jour
Connaîtrons-nous l'amour.
Viendra l'heure
Du grand bonheur
Sans souci, sans misère.
Et nous effacerons
Le souvenir
Chacun préfère
L'avenir…
Même si le rêve
De l'avenir
Est plus doux
Que l'avenir
Lui-même
Je t'aime
Je t'aime
Moi je préfère
L'avenir
Au souvenir
De la misère.

Retrouvons à présent les invités de l'ambassadrice, qui se rendent ce soir au théâtre chinois qui fait les délices de tous les noctambules. En lettres de feu, au-dessus de l'entrée de la salle de spectacle, étincellent le nom de la vedette et le titre de son numéro, qui fait courir le tout-Paris : « Chin-Fu et le Dragon ». Les mondains devancent leur amie qui se fait attendre.

« C'est la dernière fois que je me laisse entraîner dans les folies de notre chère amie, chuchote la cochonne. Chaque jour un peu plus extravagante, notre amie Lady Baby-Diamond. Regardez donc dans quelle banlieue malfamée elle nous attire pour découvrir Dieu sait quelle danseuse étrangère.

— Et Dieu sait quelle danse ! soupire la lionne.

— Mais c'est une espèce de cirque que nous venons voir, en somme ? demande le souriceau.

— On ne sait plus, s'exclame la cigogne en éclatant de rire. Cette chère, chère, chère Lady Baby-Diamond veut tellement être à l'avant-garde… qu'elle nous perd en route. Elle vous invite à voir une pièce et vous tombez sur un enterrement.

— Sincèrement, dit la lionne, je ne comprends pas comment Son Altesse Impériale le Prince de Papouasie peut apprécier ce genre d'endroits. C'est tout à fait morbide. »

Lady Baby-Diamond apparaît enfin, au bras de Brisquet, qui déclare de sa voix claironnante à ses amis :

« Ce sont des gens d'un talent inouï. Dans un mois, ce sera à la mode. Nous sommes les premiers, avec les pauvres du quartier, à le découvrir. C'est tellement amusant de lancer une mode, d'être les premiers, n'est-ce pas ? Je sens ces choses, moi, je sens quand le vent tourne, quand l'esprit du succès souffle… Oh, chers amis…

— Oh, Excellence, Excellence, dit hypocritement l'éléphant… C'est un tel privilège de partager avec vous un tel moment…

— C'est un avantage incomparable de partager avec Votre Excellence ce ravissement », répète le perroquet.

Mais déjà apparaît le directeur du théâtre : un tigre, en magicien chinois.

« Quel honneur, Votre Excellence… Quelle illustre compagnie. C'est pour moi un plaisir confondant de vous accueillir dans ma petite boutique à rêves.

— Nous le devons au talent inépuisable de notre ami le poète Brisquet, dit Lady Baby-Diamond.

— Vous l'avez oubliée ou vous l'avez perdue en route, votre merveille, votre petite Rose-Mika ? s'étonne le canard.

— Oui, vous avez noté l'absence de ma fille, répond l'ambassadrice. Elle est très déçue, mais, pour des raisons que j'ignore, Brisquet n'a pas souhaité l'amener.

— Elle est trop jeune, explique le poète. La présence d'animaux fantastiques sur scène pouvait l'épouvanter. Dans quelques mois, elle pourra venir sans crainte. Son cœur sera préparé à recevoir des émotions fortes.

— Monsieur, ose intervenir la lionne en s'adressant au tigre chinois, nous sommes tellement excités. On dit partout le plus grand bien de vos numéros. C'est le vent de renommée qui nous a poussés jusqu'à vous et l'obligeance de notre hôtesse.

— Votre Excellence, je suis votre serviteur, dit le tigre en se courbant devant l'ambassadrice. Le rideau n'est pas encore levé que je suis déjà enseveli sous les compliments.

— Mais, cher ami, c'est naturel, les gens de la carrière et les gens du voyage sont d'éternels complices. »

Tout le monde rit avec affectation de ce trait d'esprit et entre dans le théâtre. Lorsque Brisquet est sur le point de les suivre, il est arrêté par le tigre, qui lui chuchote :

« Je ne pourrai pas, ce soir, vous donner un pourcentage sur les recettes. Votre amie Chin-Fu a été malade une semaine et cela signifie une perte très importante.

— Je ne suis pas seulement intéressé par l'argent, rappelle Brisquet. Vous savez ce qui m'intéresse vraiment.

— Je vous croyais au septième ciel avec votre adorable Rose-Mika, ironise le directeur.

— Quinze jours suffisent à épuiser les douceurs du mariage, explique cruellement Brisquet. Mon cœur m'invite à d'autres aventures. Avez-vous évoqué, devant Chin-Fu, mes poèmes, mes chansons ?

— Comment ne l'aurais-je pas fait ? Vous y avez mis une telle insistance !

— Alors, alors ? Qu'a-t-elle dit ? Qu'a dit Chin-Fu ?

— Plus tard, mon ami. Le spectacle doit commencer. Il ne faut pas faire attendre notre aimable compagnie. »

Brisquet suit, pensif, le directeur, qui entre dans la salle de spectacle.

Sur la scène du théâtre chinois, on peut voir un lotus rouge fermé. Le magicien sort d'une manche de sa chemise une baguette qu'il fait tournoyer autour de la fleur. Peu à peu, les pétales s'ouvrent et la fleur qui se déploie, on le découvre, est une ravissante chatte chinoise contorsionniste. Elle se met à chanter. Un dragon apparaît. À mesure qu'elle chante, Chin-Fu donne des coups d'épée dans le corps du monstre. Mais, quand elle transperce le dragon, il se transforme en trois papillons ainsi que le dit la chanson :

Je suis le nénuphar
Du lac des Amoureux
Je n'ai besoin pour fard
Que d'un peu de ciel bleu.
Si l'on me fait de l'ombre
Je deviens la guerrière
Devant qui la lumière
Dans les ténèbres sombre.
Il ne faut pas juger :
Je n'aime que le jour
Qui émane de moi
Et je cherche toujours
À répandre l'effroi.
Je suis née sur les bords
Du fleuve Yang-Tseu-Kiang.
Je me souviens encore

De la saveur des mangues
Que l'on mange là-bas
En attendant le soir
Tandis que pas à pas
S'avance dans le noir
Le monstre taciturne
Qui hante les forêts
D'une terreur nocturne
Que je veux dissiper.
Je suis la fleur chinoise
Qui toujours cherche noise
Au dragon de l'empereur
Mais il ne me fait pas peur.
Il me suffit de lui donner
Trois coups d'épée
Pour transformer le dragon
En trois jolis papillons.
Le premier est un prince de Pékin :
C'est un danseur sur corde de lin.
Le deuxième est un prince de Shanghai :
C'est un avaleur de sabre de paille.
Le troisième est un prince de Canton :
C'est un trapéziste en carton.
Je suis embarrassée
Chacun d'eux veut m'embrasser.

Totalement transporté d'enthousiasme, Brisquet s'avance pour déposer un bouquet de fleurs aux pieds de la chatte chinoise, sous les applaudissements des invités, qui partagent la même exaltation et commentent le spectacle avec des cris fervents :

« Quelle bête de scène, cette Chinoise ! dit la lionne.

– Elle m'a arraché les tripes ! dit le souriceau.

– Quelle force ! Quel raffinement ! Sous son délicat minois, un fauve se tapit ! dit la cigogne.

– Tellement chaleureuse ! Regardez, j'en transpire ! Je suis tout remué..., dit le canard. C'est la première fois que Lady Baby-Diamond nous propose quelque chose d'agréable, non ?

– C'est la première fois que je suis émue aux larmes. Il faut absolument que j'offre à Chin-Fu une de mes fameuses saucisses », dit la cochonne.

Les invités font amende honorable à l'égard de l'ambassadrice : ce soir, ils peuvent lui pardonner toutes ces atroces soirées qu'ils ont dû passer avec elle à déchiffrer ses avortements de l'art. La voici, justement, qui sort du théâtre à son tour :

« C'était un rêve. Ou un cauchemar... »

Sur ces paroles énigmatiques, la petite troupe va finir la soirée dans un restaurant à la mode, sans se rendre compte de l'absence de Brisquet. Avec qui se trouve-t-il en ce moment ?

LA réponse se trouve dans la lettre que l'infortunée Rose-Mika vient de recevoir et que la fielleuse Cornélia est en train de lui lire, en buvant du petit lait. Rose-Mika est allongée sur son lit, sans vie.

« Tu veux que je te la relise encore ? demande l'épouvantable corneille. Des détails t'ont sans doute échappé… Eh bien, donc, pour la quatorzième fois, voici ce que Brisquet t'écrit : "J'ai cessé de t'aimer. Remercie-moi de t'avoir fait connaître le luxe et laisse-moi libre." C'est bien ce qu'il écrit. »

Elle jette un coup d'œil vers la malade pour voir l'effet que produisent ces mots insidieux. La secrétaire est secouée d'un rire irrépressible, un rire de bonheur mauvais.

« Veux-tu que je relise le début ? insiste-t-elle avec délice. Tu l'as peut-être mal entendu. Donc, avant de t'écrire : "J'ai cessé de t'aimer", voici ce que précise ton mari, le poète Brisquet : "Comprend-on qu'on s'obstine à faire de l'amour, qui devrait être le passe-temps le plus gai et le plus agréable de la jeunesse, l'affaire la plus sérieuse, la plus maussade et la plus longue de la vie !" Il n'a pas tort.

— La persévérance seule justifie la passion, murmure la voix atone et étouffée de Minette, dont le visage est plongé dans les coussins. Je me suis perdue pour lui. Il faut qu'il m'aime et que je l'aime…

— Ce sont des raisonnements qu'un seul des deux entend, en général, dans ces situations, je le crains, ma chère. Je sais, je sais, l'amour désire jusqu'à l'impossible et sait se contenter de peu. Mais quand ce peu devient rien, le sublime entêtement de l'amour s'appelle stupeur bornée ou délire. Ce charme dont on voyait empreint le visage d'une amoureuse et qui passait pour touchant devient, en se couvrant de rides et de larmes, un spectacle pathétique. Bref, vous deveniez ennuyeuse, ma pauvre enfant. Il vous a fuie, comme le bon sens le lui commandait. Il est rare que le chagrin ne devienne un tort. Comment lui reprocher de ne plus vous voir depuis… depuis combien de temps ?

– Depuis quinze jours, répond Minette, que le monologue de sa sournoise confidente a hébétée de douleur.

– Il faut reconnaître. Ça fait un bail. Quinze jours d'absence. Je crains, ma chère, que vous ne deviez vous faire une raison. Il vous a abandonnée.

– Mais il se montrait dur, grossier, exigeant, brutal… »

Minette s'est redressée sur son séant, comme ranimée par le souvenir des mauvais traitements qu'elle a subis de la part d'un chat qu'elle adorait et qui disait l'adorer. Ses jolis poils dorés sont assombris par les ruisseaux de larmes.

« Pourquoi le regretter alors s'il a aussi peu d'attraits ? demande méchamment la corneille.

– Je ne protestais pas, j'obéissais : moi, autrefois si rétive à l'injustice, je l'acceptais et je souffrais.

– Il vous voyait souffrir, conclut Cornélia. On cesse ainsi d'aimer, en constatant qu'on suscite aussi peu de plaisir chez celle qui autrefois nous en procurait…

– J'ai cru guérir, se défend Minette en se levant. Je me calmais seulement, alors que j'imaginais me consoler. Le calme des passions succède à leur tumulte, comme le repos qui voit la terre s'immobiliser après un séisme, quand il n'y a désormais plus rien à sauver…

– Vous-même avez cessé de l'aimer, l'accuse Cornélia. C'est à l'amour que vous êtes fidèle, non à sa personne, que vous haïssez.

– J'ai fini, je l'avoue, par lui donner raison, admet Minette en regardant rêveusement par la fenêtre dont elle écarte les rideaux de velours rouge. Je comprends qu'il ait cessé de m'aimer, tant j'avais cessé de pouvoir être aimée. Il était égoïste… Il ne prétendait aimer que par vanité de l'être à son tour.

– Avez-vous des soupçons ? demande Cornélia en dissimulant avec peine un sourire de plaisir.

– Vous voulez dire, une autre ? fait Minette en se tournant vers sa fausse amie.

— Le cœur des égoïstes a deux portes qui s'ouvrent presque toujours en même temps, déclare pompeusement la corneille avant de déglutir une gorgée de thé refroidi. L'une pour accueillir, et l'autre pour chasser. »

Elle se lève à son tour et se dispose à partir. Pour conclure, elle lance, avant de quitter la pièce :

« Tes poils sont ternes, ma fille. La tristesse n'est pas flatteuse. Et ne crois pas qu'on va te recevoir dans les salons avec autant de grâce maintenant que Brisquet t'a abandonnée. Je savais que ça ne marcherait pas. Un poète qui fréquente le monde et une grisette qui se niche sous les toits. Ça n'a qu'un temps. Et toujours à faire grise mine… »

Sa voix se perd dans les corridors, cependant que, sans laisser le temps à Minette de pleurer sur son abandon, apparaît le fidèle lapin Victor.

« Madame, permettrez-vous ? »

Minette, qui entre-temps s'était allongée, lui fait signe d'entrer, sans un mot.

« Si Madame m'autorise à lui donner mon modeste avis…, commence Victor, qui s'est immobilisé sur le seuil sans oser encore entrer. Je crois comprendre par quelle épreuve Madame est en train de passer… Mais Madame méritait mieux que monsieur Brisquet. Monsieur Brisquet était poète… Madame voit ce que je veux dire. Heures indues… caprices inattendus… rencontres passagères… ce qu'on appelle la muse… »

À chacune de ces expressions les épaules de Minette sont secouées de sanglots.

« Je comprends votre chagrin d'amour, poursuit le lapin en se rapprochant du lit. Je serai toujours à vos côtés. Nous pouvons nous comprendre…

— Alors que me conseillez-vous, mon brave Victor ? demande la ravissante chatte.

— Il faut que vous sachiez la vérité. Il n'y a qu'elle qui guérisse un cœur blessé.

— La vérité sur Brisquet ? demande, affolée, Minette en se levant d'un bond et en s'agrippant aux épaules du lapin.

— Oui, Madame, répond Victor, que la violence de cette réaction ne surprend guère. Nous le suivrons, ce soir, vous et moi, si vous le souhaitez.

— Oh non ! Je ne le pourrai pas, dit Minette avec découragement et impuissance.

— C'est donc que vous voulez continuer d'espérer et de souffrir ? »

La chatte garde un silence inquiet, se détache de Victor, marche à travers la pièce, en proie à une grande agitation, qui signale assez les hésitations de son âme. Puis elle revient vers le lapin, qui n'a pas bougé, et demande :

« Où irons-nous ?

— Vous le verrez, Madame », répond le lapin en jetant d'autorité sur les épaules de Minette une grande cape noire, après en avoir revêtu une autre lui-même.

DÉJÀ les voilà dans les rues sombres de Paris, dans le quartier du théâtre chinois. Victor chante, en serrant contre lui la petite silhouette faible et meurtrie de la pauvre Minette, qui avance comme un automate.

Les hommes sont inconstants :
Plus encore que les femmes.
Les hommes sont fragiles :
Plus encore que les femmes.
Les hommes sont oublieux :
Plus encore que les femmes.
Mais quand un homme est constant,
Et qu'il a du plomb dans la cervelle,
On ne pourra jamais en dire autant
À propos d'aucune d'entre elles…

Mais la voix de Brisquet l'interrompt et Victor entraîne aussitôt Minette dans la pénombre d'un porche où ils se cachent pour assister à la scène. C'est avec horreur que Minette découvre que Brisquet n'est pas seul. Il parle avec une ensorcelante beauté exotique qui n'est nulle autre que la vedette acrobatique Chin-Fu.

« Vous n'êtes que mystère, Chin-Fu. Vous êtes encore plus énigmatique en réalité que sur la scène… Vos yeux d'amande sont les portes de nos rêves. Ce sont les miroirs de nos mirages. Ce sont les trésors d'un ailleurs que nous ne soupçonnions pas en nous-mêmes. C'est le palais de l'extase interdite. C'est l'ordre de se noyer dans les eaux noires de la nuit transfigurée.

– Oh… Monsieur Brisquet… trop gentil… » ânonne la Chinoise avec enchantement.

Minette pousse un gémissement de douleur, que Victor étouffe amoureusement sous sa patte attendrie…

« Je dis la vérité la plus pure, poursuit le joli cœur. Une vérité qui parle aux poètes et qui parle la langue des poètes. Elle n'obéit pas aux fades lois de la logique des hommes ordinaires. Je vous suis dans le labyrinthe du théâtre : vos pas s'accélèrent, vous n'êtes plus que l'ombre furtive d'un désir inassouvi. Je vous cherche, je vous perds. Je suis ébloui par une lune noire. Je m'écroule au sol. Des rues m'aspirent, qui ne sont plus que des écharpes liquides. Nous sommes dans une ville nocturne qui flotte sur un réseau aquatique.

– Oh… mais Monsieur très poétique… Monsieur parler joliment Venise…

– Venise ? s'exclame Brisquet. Tiens, je n'y avais pas pensé. Oh oui ! Allons, fuyons jusqu'à Venise ! Je veux me perdre ! Je veux être entre vos mains, Chin-Fu. Fais de moi ta chose ! Dis oui, dis oui.

– Monsieur Brisquet… proteste gentiment Chin-Fu. Vilain méchant coquin… propositions malhonnêtes à Mlle Chin-Fu… Mlle Chin-Fu vouloir seulement paroles sur papier, pas voyage bateau ville amoureux… Mlle Chin-Fu chanteuse sérieuse et danseuse acrobatique très professionnelle… Mlle Chin-Fu vouloir mots de poète. Brisquet pas nyakaté nyakaté dans chambre d'hôtel pont des Soupirs. Mlle Chin-Fu connaître la chanson. Hi ! hi ! hi !

– Ah, tu veux des mots ? Eh bien, donne-moi deux secondes et je te donne Venise. »

Le poète prend du papier et commence à écrire, espionné par Chin-Fu, qui regarde par-dessus son épaule. Minette, dans l'ombre ne peut en supporter davantage. Elle conjure le lapin de la ramener chez l'ambassadrice. Elle murmure, dans un état de grand enfièvrement :

« Tout s'effondre. Comment aurais-je pu concevoir que les mots d'amour recelaient tant d'artifice et de mensonge ? Je suis une chatte perdue, humiliée, vaincue. Quelle horreur, enfin, d'entendre Brisquet redire à une autre ce qu'il m'a dit naguère. Le labyrinthe, Victor, le labyrinthe, il me l'a servi, à moi aussi ! C'était un labyrinthe de roses, pour moi. Le jardin de Bagatelle. Ah ! parlons-en, de la bagatelle. Partons ! Partons !

— Non, Madame, riposte durement le lapin à voix basse, vous continueriez d'espérer si vous n'assistiez pas jusqu'au bout à ce qu'il faut que vous sachiez. Il faut connaître les nuances du mensonge pour mieux mépriser le menteur. Votre salut est dans le mépris. À ce prix seul, vous cesserez d'aimer ! Il faut mettre à nu les motivations infâmes de la supercherie poétique de Brisquet. C'est un vulgaire escroc qui se joue de la candeur des chattes. »

Minette pleure dans les bras de Victor. Brisquet, qui ne les a toujours pas vus, se retourne et tend une feuille à Chin-Fu.

« Lis, mon cœur. Je t'ai écrit une chanson pour Venise… Chin-Fu… Chin-Feu… Feu de Chine… Il faut de l'eau pour caresser des flammes… Il faut Venise pour apaiser cette ardeur… Il faut une gondole pour promener ton cœur… pour refléter la lune… »

Et il poursuit son doux délire par une chanson, comme emporté avec sa dulcinée de Chine dans une capiteuse gondole.

O come ti cressi, o luna dei busi fondi,
O come ti nassi, cavegi blu e biondi,
Nu par ti, ti par nu,
La gran marina no te sèra più,
Vien su, dragona de arzento, maga !
Aàh Venessia aàh Venaga aàh Venùsia
Una gondola soto i me balconi :
Do foresti se basa :
El Gondolier li varda, e no' li vede.
Altre gondole ancora,
Altri foresti.
Quanti basi, Venezia, quanti basi,
Fermi nei to rìi !
Quanti amori, che incominzia da tì,
Finìi co' tùi !
O, come el gondolier, son mì che vardo
Ormai senza vèder,
Son mì che porto qua i me oci strachi
E el me cuor, a morir ?

Ô comme tu crois, ô lune des gouffres profonds,
Ô comme tu es née, cheveux bleus et blonds,
Nous pour toi, toi pour nous,
La grande mer ne t'enferme plus,
Les grands marais sont inondés de toi,
Monte, dragonne d'argent, magicienne !
Ah Venessia ah Venaga ah Venusia !
Une gondole sous mes balcons :
Deux étrangers s'embrassent :
Le gondolier les regarde et ne les voit pas.
D'autres gondoles encore,
D'autres étrangers.
Que de baisers, Venise, que de baisers,
Immobiles dans tes canaux !
Que d'amours, qui commencent chez toi
Et se concluent avec toi !
Oh, comme le gondolier, est-ce moi qui regarde
Désormais sans voir,
Est-ce moi qui porte ici mes yeux las,
Et mon cœur, pour y mourir ?

Ils s'embrassent. Minette pousse un petit cri désespéré. Elle fait mine de s'évanouir et Victor l'empêche de tomber.

C'est à ce moment précis que, tels ses congénères s'abattant sur le cornac qui croyait le surprendre au fond de la jungle indienne, le magicien chinois bondit. Il veut assassiner Chin-Fu et Brisquet. Minette s'arrache de l'étreinte de Victor et tente de s'interposer, mais elle est violemment retenue par le lapin.

« Tu m'as menti ! feule le tigre.

– Laissez-moi. J'ai toujours dit la vérité. La vérité d'un poète, Monsieur !

– Si toi tuer Brisquet, toi perdre tes clients, intervient la vedette manchoue dans son sabir. Sans voix de Mlle Chin-Fu, cirque zéro.

– Si tu touches à un seul de nos poils, tu es ruiné, menace Brisquet.

— Pas de privautés, je vous prie, s'indigne le tigre, ulcéré. Vous m'aviez dit que vous vous intéressiez à Chin-Fu en tant qu'artiste. Que vous étiez amoureux de son art !

— Il est difficile de séparer l'artiste de la chatte.

— Je vous savais voyou. Mais il y a un code d'honneur chez les voyous. Vous n'êtes qu'une crapule. Vous avez déjà exploité la crédulité de vieilles femmes en leur extorquant la monnaie de leurs rêves. Mais je n'imaginais pas que vous iriez jusqu'à arracher de mon jardin une fleur si rare. Moi aussi, je peux être poète, Monsieur Brisquet. En tout cas, vous n'emmènerez Mlle Chin-Fu nulle part. Ni dans votre Venise de carton-pâte, ni dans vos rêves et surtout pas dans votre vie. Vous deviez écrire des chansons pour elle, c'est tout. C'était déjà un luxe dont vous auriez dû remercier le ciel des chats, d'avoir sa voix veloutée pour chanter vos paroles si faciles. »

Minette tremble d'horreur dans les bras du lapin, qui la couvre de baisers rassurants dont elle perçoit à peine la passion.

« Eh bien oui, mes paroles sont faciles, se défend Brisquet. Pourquoi s'en cacher ? Les idées me viennent facilement, elles deviennent facilement poésie, et la poésie devient facilement chanson ! Qui y trouverait à redire ? Tout va vite, de façon peu contrôlable. Tout fuse irrationnellement. »

Il sort un pistolet. Minette comprend et ne veut pas voir.

« Aussi vite que cette balle, Monsieur le donneur de leçon. »

Un coup retentit. Le directeur s'écroule.

« Vous avoir tué patron, commente Chin-Fu sans émotion. Mlle Chin-Fu aime Brisquet.

— Vous êtes un peu frivole, Chin-fu, s'étonne le chat assassin.

— Mlle Chin-Fu très frivole. Mlle Chin-Fu aimer fantaisie, nouveauté, catastrophe. Mlle Chin-Fu enfin délivrée cauchemar. Mlle Chin-Fu remercie beaucoup M. Brisquet. Grand ennui dans ce théâtre. Mlle Chin-Fu fatiguée chansons et poèmes. Mlle Chin-Fu aimer beaucoup le sang ! Vive la liberté. À Venise ! »

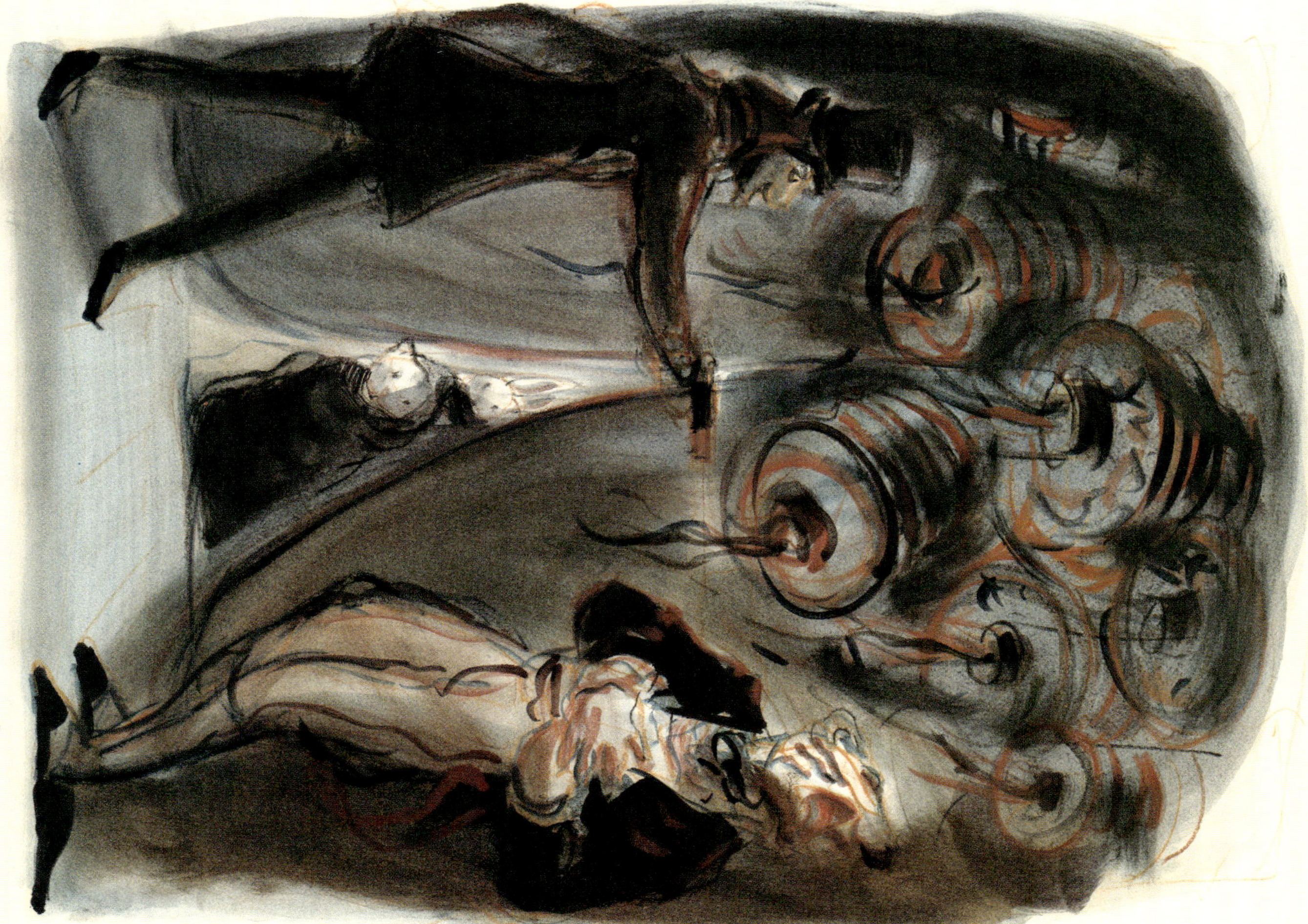

Ce torrent de paroles noie Brisquet, qui ne l'entend pas de cette oreille. Plus lucide que cette folle enthousiaste, il craint pour sa liberté :

« On ne peut pas partir comme ça. Je vais être arrêté, condamné, décapité. Ma tête va rouler dans un panier. Quelle trouille j'ai.

– Chattes plus courageuses que chats, fait remarquer la Chinoise, non sans un certain mépris. M. Brisquet pas avoir peur. Mlle Chin-Fu avoir grand ami, grand écrivain français. Lui beaucoup aimer chats. Lui nous aider. M. Brisquet venir avec Mlle Chin-Fu. »

Brisquet suit Chin-Fu d'un pas hésitant. Pendant que leurs ombres s'éloignent, Victor et Minette sortent de leur cachette.

« Suivons-les, propose le lapin.

– Non, Victor, répond Minette. Je suis morte. Je ne crois plus à rien. Et, malheureusement, à nous autres chattes le couvent est interdit. Je vais me cacher, ne plus manger, disparaître. Partez, mon ami. Laissez-moi seule. Je vais me perdre dans la nuit de Paris. Ne me suivez pas. Adieu. »

Elle tente de partir seule, mais Victor lui tient encore la patte.

« Là où vont vos pas vont les miens. Il n'y a pas d'autre chemin devant moi. »

Cette déclaration soudaine émeut Minette, qui lui répond :

On peut bien tuer par amour
L'amour peut bien tuer l'amour
On ne se tue pas d'amour pour soi
Mais on tue d'amour pour une autre
Et l'amour pourtant n'est pas tué en moi
C'est moi qui suis tuée par l'amour.

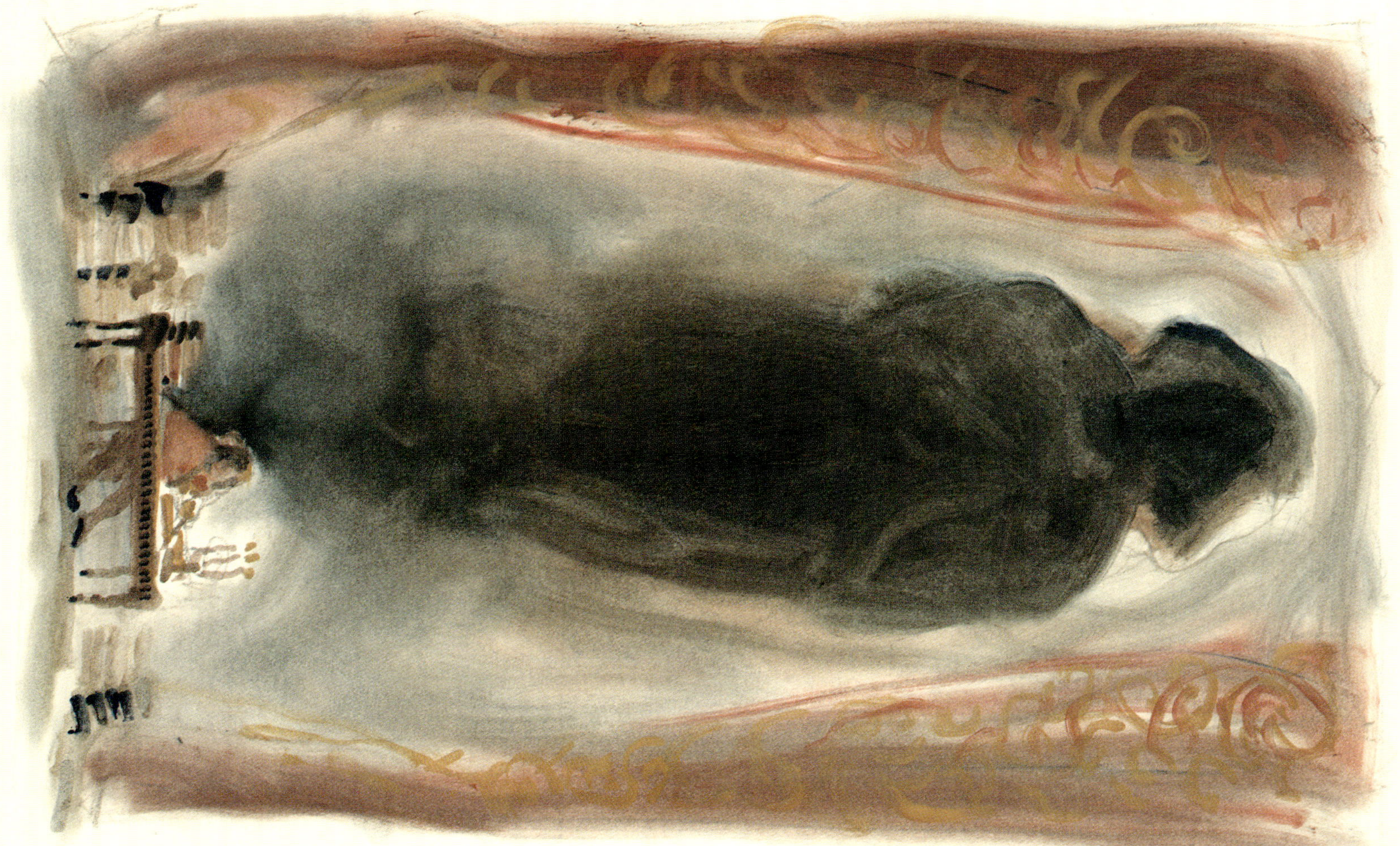

PENDANT ce temps-là, un homme énorme et généreux parle avec deux chats. C'est l'écrivain Balzac, que Chin-Fu et Brisquet sont allés solliciter. Le grand auteur n'est pas vraiment surpris de cette rencontre impromptue. Entre deux tasses de café, écartant d'un geste las les factures et les sommations d'huissier qui s'accumulent sur son bureau, chargé de tant de notes prises dans la nuit, il voit ses visiteurs d'un œil bienveillant. Il est d'autant plus amusé que sa petite amie Chin-Fu, que lui aussi est allé à ses rares heures perdues admirer au théâtre chinois, lui demande… de faire disparaître son compagnon, Brisquet. Il se racle la gorge, qu'ont usée quinze cigares fumés depuis le crépuscule de la veille, et lance sa voix puissante vers Brisquet, que l'auteur de *la Comédie humaine* impressionne :

« Ah, c'est donc vous, le poète qui doit disparaître. Mais, ma petite Chin-Fu, je ne suis ni magicien, ni poète. J'observe seulement la vaste comédie des hommes… Et aujourd'hui, vous me plongez dans la vie publique et privée des animaux. C'est une nouveauté pour moi.

— Mais vous avoir l'expérience, dit la Chinoise en reposant son charmant museau sur le bureau et en levant ses yeux en amande dorée vers l'écrivain qui fond. Vous vouloir m'écrire une comédie. Vous souvenir ? Peines de cœur d'une chatte chinoise. »

Balzac éclate de rire en faisant trembler les murs et les vitrines où dansent ses personnages en attendant d'apparaître dans les rêves écrits de ce génie. Chin-Fu, effrayée, se serre contre Brisquet.

« C'était une idée folle. Je n'ai pas le temps. Je suis déjà dans mon prochain roman.

— Combien de romans avez-vous écrits ? ose demander Brisquet.

– Je ne peux plus les compter. C'est que j'ai toujours besoin d'argent.

– Mlle Chin-Fu pouvoir offrir chanson, propose l'acrobate du lotus.

– Je crois que Monsieur adore le café. Je pourrais vous payer avec un bon kilo de café, hasarde Brisquet.

– Mlle Chin-Fu avoir besoin Monsieur de Balzac. Mlle Chin-Fu désespérée.

– Faites-moi disparaître de la scène du monde, implore Brisquet. Tout le monde vous lit, tout le monde vous croit. Inventez ce que vous voulez, mais tuez-moi.

– Vous tuer ? demande Balzac en se grattant la tête. Mais j'ai trop de sympathie pour les chats.

– Avec votre plume, Monsieur de Balzac. Trouvez-moi une histoire où je mourrai.

– Pourquoi ne pas l'inventer vous-même ?

– Brisquet trop poète, explique Chin-Fu, trop fantaisiste. Monsieur de Balzac plus réaliste.

– Ne perdons plus de temps, coupe Brisquet, à bout de nerfs. Tuez-moi avant que je ne sois mort pour de vrai.

– Tout ça m'embarrasse, mes chatons, soupire Balzac. Il faut que je trouve une raison de vous tuer… »

C'est le moment que choisit Beauty, la sublime Beauty, que nous avons vue au début de cette histoire, pour apparaître dans toute sa splendeur. Une lumière rayonne de sa robe de soie ivoire et de sa toison immaculée. Balzac, tout habitué qu'il est aux apparitions inopinées des êtres que son imagination produit, plisse les yeux, ébloui par cette somptueuse arrivée. Une hallucination ? Une hallucination qui parle, en tout cas :

« La raison, ce sera ma beauté, dit Beauty. On m'appelle Beauty, la chatte anglaise.

– Oh, mais Mademoiselle Beauty est ravissante ! s'exclame Brisquet, vivement intéressé. La pauvre Minette, à côté, n'est qu'une chatte de gouttière. Une souillon.

– Qui c'est ça, Minette ? demande Chin-Fu, qui n'a jamais entendu ce nom dans la bouche de Brisquet.

– Une chatte qui a voulu me séduire, ment Brisquet.

– Ne perdons pas le fil de notre histoire, intervient Balzac. Nous sommes dans l'invention, Mademoiselle Chin-Fu, ne l'oubliez pas. Et c'est vous qui l'avez demandé…

– Je suis, Monsieur Brisquet, dit Beauty en s'asseyant cavalièrement sur le bureau de Balzac, une chatte anglaise que l'on a mariée à un vieux lord. Je m'ennuie, je tombe malade, je souffre sans savoir que ma maladie n'est que l'absence d'amour, d'amour physique, vous comprenez, je suis mariée à un vieil impuissant. Alors un jour, je monte sur les toits. Et vous apparaissez, vous, Monsieur Brisquet. Vous chantonnez une chanson française. »

Brisquet, magnétisé, hypnotisé, s'exécute et chante :

Je suis le chat Brisquet
Qui s'en va libre et gai,
Le matin naît
La terre est ronde,
Vent nouvelet
Fait l'tour du monde…

« C'est le coup de foudre, enchaîne Beauty. Je sens que mes sens se réveillent. Je suis à vous, Monsieur Brisquet. Je me donne ! »

Elle se met face à Brisquet, les bras grands ouverts, attendant qu'il l'enlace. Mais Chin-Fu s'interpose :

« Si vite ?

– Vous m'avez dit que c'était urgent, explique Balzac, qui, ne l'oublions pas, est en train d'imaginer toute cette histoire qui doit sauver la vie de Brisquet… en le tuant. Il est normal que je lance le char du mélodrame à toute allure.

– Oui, nous sommes devenus amants, fit Beauty en ronronnant dans le cou de Brisquet. Mais nous devions le dissimuler. »

Et elle se détache de Brisquet, au grand soulagement de Chin-Fu qui commence à regretter son idée.

« Puck, continue Balzac en remplissant feuille après feuille de son écriture alerte, le renard, neveu de son mari, jaloux de n'avoir pas obtenu les faveurs de Beauty, la dénonce au vieux.

– En effet, dit Beauty. Je dois cacher mon jeu. Un jour, je me promène dans la rue imprudemment et alors... »

Brisquet se met alors à jouer la scène qu'imagine Balzac à travers les mots de Beauty... Il appelle :

« Beauty ! Beauty !

– Mais, Monsieur...

– Beauty, regarde-moi...

– Monsieur, vous êtes un insolent... On n'adresse pas la parole à une lady qui... »

Deux valets surgissent de l'ombre pour cravacher Brisquet.

« Monsieur, dit Beauty, en feignant la colère, vous n'avez que ce que vous méritez. »

Elle murmure à l'un des valets : « Pas si fort ! » et à l'autre : « Ça suffit ! Vous voyez bien qu'il ne se défend pas. »

Brisquet supplie :

« Beauty, mon amour...

– Sauvez-vous ! Sauve-toi, Brisquet ! Sauve-toi ! Ils vont te tuer !... Brisquet ! Brutes ! Monstres ! Qui vous a donné l'ordre ?

– Capitaine Puck, Madame, dit un valet.

– Allez-vous-en ! Ignobles brutes ! Je me plaindrai à mon mari ! Je vous ferai chasser ! Partez ! Allez-vous-en ! Allez-vous-en ! Brisquet, Brisquet ! Réveille-toi ! Beauty est là ! Brisquet, mon amour...

– Qu'est-ce que tu viens de dire, Beauty ?

– Je... Je ne sais pas...

– Répète, je t'en supplie. C'est comme du vin chaud dans mes veines.

– Mon amour...

– Maintenant, je pourrai mourir », dit Brisquet dans les ténèbres.

Balzac, impressionné par sa propre imagination, toussote et commente :

« Après ce malheureux incident, ils décident de s'enfuir. Hélas, leur fuite est de courte durée. Car l'ignoble Puck découvre leur stratagème. Connaissant leur lieu de rendez-vous nocturne, un soir à minuit, il s'interpose. Alors que la malheureuse Beauty croit retrouver son amant français, l'atroce amoureux dépité surgit des ténèbres et se précipite sur elle. Épouvantée, elle s'évanouit. Et quand arrive Brisquet en sifflotant, le criminel avec ses complices… lui flanque un couteau entre les omoplates. »

Brisquet s'effondre à terre, Chin-Fu se précipite.

« Mon amour, mon amour… Réveillez-vous !

– N'ayez pas peur, Mademoiselle Chin-Fu, dit Balzac en riant. Je vous rends Brisquet intact. »

En effet, Brisquet se redresse.

« Eh bien, maintenant, dit-il, il faut publier ces pages en vitesse. Alors je serai libre. Libre d'aimer Chin-Fu.

– Hmm, hmm ! proteste Beauty. Après cette mort tragique, tout le monde retrouve le sourire. Sauf moi.

– Pourquoi Mademoiselle Beauty triste ? demande Chin-Fu.

– C'est le destin des créatures de papier, Mademoiselle Chin-Fu. Elles sont faites de rêves et retournent au paradis des rêveurs, parmi les nuées du demi-sommeil, de l'espoir, des nostalgies, de la pénombre et des soupirs.

– Je suis un fantôme qui flotte dans l'imaginaire de M. de Balzac et de ses lecteurs, avoue Beauty. Je ne suis pas une vraie chatte, Mademoiselle Chin-Fu. Je suis un reflet de chatte.

– Pas vrai ? s'étonne Chin-Fu. Mais alors pourquoi reflet si triste ?

– Les reflets réfléchissent aux illusions de ceux qui vivent, ma chère, répond Beauty. Nous sommes faits pour cela. Toujours un peu plus gais, toujours un peu plus tristes.

– C'est une chatte intellectuelle, commente Balzac en allumant un cigare.

– Je suis ce que vous m'avez faite, réplique Beauty. Tout dépend de M. de Balzac. Je deviendrai ce qu'il voudra. Je ne serai peut-être plus jamais chatte. J'aurais tellement aimé écrire mes Mémoires, pourtant.

— Oh ! cette manie d'écrire ses Mémoires, ricane Balzac. Même les chattes, à présent. Mais on a l'impression de lire toujours la même histoire !

— Non, les miennes seront différentes. Je n'ai jamais pu m'empêcher de penser, pendant ces quelques semaines de vie imaginaire que vous m'avez accordées, que les hommes sont profondément stupides et fats. Notre supériorité ne serait pas mise en doute si nous avions la parole que vous avez monstrueusement accaparée… je compte écrire un traité politique à l'usage des classes ouvrières animales, afin de les engager à se soustraire à l'oppression du grand aristocrate…

— Vous m'avez convaincu, Beauty, l'interrompt Balzac. Écrivez vos Mémoires, je vous prêterai ma plume.

— Je voudrais ajouter quelque chose. Je voudrais dire la vérité sur la mort de M. Brisquet…

— Quelle vérité ? demande Balzac. Vous me troublez, Beauty…

— Je sais qu'une fausse rumeur sur son suicide va courir les rues de Londres…

— À vous de jouer… », lui propose l'écrivain.

Beauty se met à une table où elle commence à écrire. Balzac se met derrière elle et lui souffle à l'oreille ce qu'elle doit écrire :

« Je tombai dans une grande mischatropie qui fut causée moins par mon divorce que par la mort de mon cher Brisquet, que mon mari fit tuer. Aussi, rien ne me met-il plus en fureur que d'entendre parler de la loyauté des chats anglais. Quoique Brisquet eût le corps traversé par un coup reçu dans le dos, le coroner, par une infâme hypocrisie, a déclaré qu'il s'était empoisonné lui-même avec l'arsenic, comme si jamais un chat si gai, si fou, si étourdi, pouvait avoir assez réfléchi sur la vie pour concevoir une idée si sérieuse, et comme si un chat que j'aimais pouvait avoir la moindre envie de quitter l'existence ! »

Beauty disparaît aussi rapidement qu'elle est apparue, ce qui enchante Chin-Fu.

« Enfin, partie. Bon débarras. Mlle Chin-Fu jalouse.

— Elle n'existait pas, Chin-Fu, dit Balzac.

— Monsieur de Balzac très bon écrivain. Mlle Chin-Fu croire Beauty en chair et en poils.

— Et vous, Monsieur Brisquet, êtes-vous content ? demande le grand homme. Cette mort vous plaît-elle assez ? »

Mais M. Brisquet a la tête ailleurs. Ses yeux semblent observer l'ombre de la magnifique créature qui les a visités :

« Est-ce que vous auriez l'adresse de cette Beauty ? Je ferais bien un détour du côté de l'Angleterre…

— Quoi ! proteste Chin-Fu, lui laisser tomber moi déjà ? À peine connue, déjà cocue ? Mlle Chin-Fu aimer beaucoup la nouveauté. Mlle Chin-Fu adorer Brisquet ! Brisquet, très amusant.

— Cette chatte a aussi une âme de romancière… », conclut Balzac.

Et Chin-Fu, enchantée de cette flatterie, ronronne de plaisir.

IL règne dans le boudoir de Minette une grande agitation et une atmosphère délétère. Lady Baby-Diamond ne tient plus en place, alors que la malheureuse chatte se tord en convulsions et que sa souffrance lui arrache des gémissements de suppliciée.

« Bien, maintenant, ça suffit ! proteste l'ambassadrice. Du matin au soir au lit et en pleurs, ce n'est plus possible. Je ne t'offre pas l'hospitalité pour que tu te prélasses en gémissant. La repasseuse n'arrive plus à nous fournir en mouchoirs propres. Les coussins de ton lit ont moisi. Ça pue dans ta chambre. Tu deviens triste et dégueulasse.

— Pardonnez-moi, Excellence », murmure Minette d'une voix éraillée.

Ces excuses ne font qu'accroître l'exaspération de la vieille chienne aigrie.

« Pardonnez-moi : Entendez-moi ça ! Et qu'est-ce que tu veux qu'on en fasse de tes "Pardonnez-moi", pauvre cruche ? Une chanson triste ? Tu m'ennuies. Tu es là pour m'amuser. Fais-moi rire. On te paie pour ça. Fais de ton malheur une comédie. Un peu de courage, allons ! Secoue-toi. Raconte-moi plutôt comment elle est, la petite Chinoise avec lui. Tu l'as vue, non, cette Chin-Fu ?

— Oui, lâche Minette dans un soupir déchirant.

— Elle est belle, j'imagine. Brisquet est difficile.

— Oui, elle est très belle.

— La beauté, ma petite, c'est comme ça. C'est une loi impitoyable. On doit s'incliner. Tout est une question de lucidité. Si tu ne l'admets pas toi-même, d'autres s'en chargeront pour toi. Tu as dû te sentir peu de chose, non, près d'elle ?

— Très peu de chose.

— Que veux-tu, elle ne doit même pas savoir ce qu'est une gouttière. Ses yeux ne doivent connaître que les splendeurs de la Cité interdite…

— C'est vrai.

— Elle chante bien, n'est-ce pas ?

— Une voix céleste.

— Tu ne vas pas rester vautrée à pleurnicher pour l'éternité. Il faut t'activer. La vengeance, ça donne un coup de fouet, tu peux me croire. Les bons ne font pas de vieux os. Le mal conserve. Il faut dénicher leur cachette. Ils doivent bien se cacher quelque part, dans une lugubre chambre de bonne. Ils croient qu'ils peuvent vivre ainsi une passion débordante, qu'attise le danger. Ah, notre cher poète, quelle naïveté… Si on l'attrape, il est fini. »

Mais l'ambassadrice est lassée de dialoguer avec cette chatte écrasée de douleur, qui ne lui offre plus le moindre divertissement. Elle l'a adoptée pour rire et elle ne rit plus. Elle appelle sa secrétaire Cornélia pour en être débarrassée. Elle ne supporte plus la vue de cette souillon et, pendant que Cornélia et Victor emmènent Minette, qui sanglote, Lady Baby-Diamond chante joyeusement :

La vie ne mérite d'être vécue
Que si l'on rit de ses propres bévues
La légèreté
Est un bien délicieux
Car c'est tellement mieux
Que la fidélité.

MAIS il restait, cependant, une tâche à Brisquet pour parfaire sa disparition. Car ce n'était pas tout de mourir, grâce à l'imagination de M. de Balzac : il fallait encore pouvoir survivre sous une autre identité. L'idée lui vient donc d'aller demander au magicien des masques, M. Jinsky, de lui imaginer un autre visage. Il se trouve donc, dans l'atelier des masques, en compagnie de Mlle Chin-Fu, devant un ours à qui il vient de demander de lui faire un masque chinois.

« Ainsi, tu veux ressembler à Chin-Fu, Brisquet ? demande l'ours Jinsky.

— Si je peux sauver ma peau comme ça…

— J'ai ça, j'ai ça dans magasin. Voyons voir. »

Jinsky cherche dans son fouillis et sort des masques des tiroirs, des placards, des commodes, du faux plafond, de la cave.

« Attends, attends, grommelle-t-il. Non, ça révolutionnaire russe, ça moujik, ça grand tsar, ça Indien d'Amérique, ça roi du pétrole, ça grande chanteuse opéra, ça fakir, ça kangourou, ça roi de France décapité, ça danseuse du grand ballet de Saint-Pétersbourg, ça bandit napolitain, ça pape. Et ça, ça te va ? »

Il a enfin trouvé son affaire et s'avance vers Brisquet pour faire l'échange de masques.

« Alors comment le veux-tu, ton nouveau mari ? demande Jinsky à Chin-Fu.

— Avec yeux d'amandes du Yunnan.

— Et les moustaches ?

— Comme soie de la robe de l'empereur de la Cité interdite.

— Et le museau ?

— Rose comme les cerises du verger des sept couleurs.

— Et les oreilles ?

— Petites et douces comme grain de riz du printemps.

— Te va-t-il comme ça ? »

Jinsky présente Brisquet sous son nouveau masque de prince de Chine. Chin-Fu applaudit de bonheur.

« Petit mari chinois de Chin-Fu... Chin-Fu très contente. »

Et tout le monde chante :

Les chats sont des acteurs
Qui se glissent de théâtre en théâtre
Un masque après l'autre
Ils n'ont pas de visage
Leur masque est un paysage
Quand ils sourient, il y a, peut-être,
Des larmes qui vont naître
Et quand ils pleurent
Ils rient peut-être sous cape
C'est ça, la meilleure.
C'est ainsi qu'ils nous attrapent
Qui sait lire dans les yeux des chats ?
Qui sait lire dans leurs caresses et leurs ébats ?
À chaque nouveau maître un nouveau masque
À chaque nouvelle maîtresse un nouveau masque
À chaque nouvel amour un nouveau masque.

DANS le salon de l'ambassade d'Angleterre, Lady Baby-Diamond et Cornélia finissent de lire le livre à la mode *Peines de cœur d'une chatte anglaise*. Hé oui, c'est le roman que Balzac vient de publier, à la demande de Chin-Fu et de Brisquet, sous la signature de Beauty. La secrétaire et sa maîtresse éclatent de rire, elles jubilent. Cornélia lit à haute voix :

« "… et comme si un Chat que j'aimais pouvait avoir la moindre envie de quitter l'existence…" Minette était-elle assez sotte pour s'être amourachée d'un chat si léger ! Un tel séducteur ne pouvait connaître qu'une telle fin.

— En tout cas, répond la chienne, maintenant au moins, elle sait qu'il est mort. Ce livre s'arrache comme des petits pains, tout Paris et tout Londres savent que l'amant de ma chatte fut d'une totale inconstance. Il a insulté mon pays et mes lois, il a bafoué les liens sacrés du mariage. Il a eu la mort qu'il méritait. Cette pauvre Minette devrait se sentir vengée.

— Vous savez bien, Excellence, que ce n'est pas ainsi que les choses se passent en amour. Les amoureuses, catégorie à laquelle Rose-Mika semble définitivement appartenir, ne se consolent pas avec la mort de celui qui les délaisse. Leur mort semble, au contraire, approfondir leur douleur.

— En tout cas, fait l'ambassadrice avec une moue écœurée, elle est devenue très moche, notre Rose-Mika. Il va falloir songer… »

Cornélia a immédiatement compris où sa maîtresse veut en venir. Déjà ? En clair, se dit-elle, il va falloir se débarrasser de cette pitoyable chose qu'est devenue l'ex-Rose-Mika, l'ex-Minette, l'ex-reine de beauté, l'ex-coqueluche des ambassades et des nuits de Paris.

« Pendant la lecture que je lui ai faite du livre, elle a perdu quatre millions trois cent cinquante-deux mille neuf cent trente-huit poils, dit Cornélia.

— Tu les as comptés ? s'étonne Lady Baby.

— C'est elle qui a fait le compte. Elle a voulu les garder pour les recoller. »

L'ambassadrice hurle de rire. Elle supplie sa secrétaire de se taire :

« Arrête, je vais crever de rire. Je vais faire pipi dans ma culotte. Je t'adore, ma Cornélia. Au fond, c'est toi ma consolation. C'est toi le bras fidèle sur lequel je peux m'appuyer. Je te serai reconnaissante, ma Cornélia, le moment venu. Je ne t'oublierai pas. Tu auras une place dans mon testament. Petite, bien entendu. Tu sais que ma fortune est immense. »

Cornélia arriverait-elle à ses fins ? Serait-elle enfin débarrassée des rimailleries à quatre sous de ce poète intéressé et surtout des mièvreries de cette petite grue de Rose-Mika ? Elle a dû tout endurer. Elle a dû tout accepter d'elle pour une caresse de la part de Lady Baby.

Elle s'agenouille de gratitude face à l'ambassadrice, qui murmure, séductrice :

« Il y a des amours tortueuses et cachées. Allons, relevez-vous. C'est la dernière fois que vous vous agenouillez devant moi. Ça fait image pieuse. Je veux vous embrasser. »

Elle prend la secrétaire dans ses bras quand survient Victor, qui tousse pour s'annoncer. Elles se détachent brusquement.

« Je suis désolé de vous déranger, Excellence. Mais Monsieur le Directeur de Cabinet de Monsieur le Ministre aux Affaires tragiques de la rue, de la mer et des lacs attend dans le salon.

— À cette heure indue ? s'étonne l'ambassadrice, en rajustant ses vêtements. Que me veut-il, cet imbécile ?

— Il vient vous raconter un pique-nique.

— Pardon ? Mais que peuvent bien me faire les pique-niques des canards ? Faites-le entrer, qu'on en finisse. »

Pendant que Victor va chercher le canard, l'ambassadrice se regarde dans un miroir placé au-dessus de la cheminée et reproche à sa secrétaire :

« Regarde dans quel état tu m'as mise.

— Oh, Excellence, Excellence… »

Mais déjà le canard entre, haletant :

« Je suis désespéré, Excellence. Je ne sais pas par où commencer.

– Dans les moments de confusion, mon cher, il suffit d'aller au plus simple, dit l'ambassadrice en s'asseyant et en indiquant un fauteuil au canard essoufflé. De commencer par le commencement. »

Le canard prend lourdement sa respiration, pendant que Cornélia affiche sa très profonde indifférence et que Lady Baby-Diamond prend l'air vague, les yeux mi-clos :

« Nous nous sommes levés à l'aube. Les voitures attelées nous attendaient. Nous sommes partis pour Saint-Germain-en-Laye vers sept heures. À dix heures, nous étions en forêt. Nous avons étalé les nappes. Les toasts étaient exquis. Le soleil scintillait sur le lac. Madame Tripoux a soudain eu un désir : « Si nous faisions une petite promenade en barque sur le lac ? » Nous voici tous embarqués sur un canot. Nous glissons sur les eaux paisibles et scintillantes. Et soudain Son Altesse Impériale, Monsieur, Roi de Papouasie, éternue. La barque se renverse. Tous ont coulé. L'un après l'autre, ils ont été engloutis par les eaux profondes du lac. J'étais le seul dans mon élément. Vous n'avez plus d'amis, Excellence.

– Ainsi s'efface de l'univers... en un éclair... notre existence éphémère... à cause d'un souffle d'air... »

Tel est le lamento de l'ambassadrice. À vrai dire, elle ne regrette pas vraiment ces cadavres qui furent ses amis. Ils commençaient à la lasser.

« Je viens de faire une découverte très importante, dit-elle au canard. Voyez-vous, j'ai toujours cherché l'affection dans mon entourage. Il en était avare. Ou alors je ne savais pas la trouver. En réalité, elle était là sous mes yeux, à mes pieds.

– Je ne vous suis pas, Excellence, répond, déconcerté, le canard.

– Peu importe, mon ami. Allons, je vous laisse à vos funérailles. Adieu. »

Et, sans plus de cérémonie, elle abandonne le canard abasourdi et, suivie de Cornélia, se retire dans ses appartements.

CEPENDANT, en dépit de son extrême faiblesse, Minette achève la lecture de ses Mémoires. Elle lit fébrilement à la faible lueur d'une chandelle, en frissonnant et en soupirant. Nous la retrouvons donc au moment où notre histoire commençait, face à Victor, qui l'écoute :

« "Oui, j'ai agi avec peu de conscience. Je reconnais mon égoïsme, mais cela n'apaise pas ma douleur de m'être précipitée dans un monde qui n'était pas fait pour moi. L'époque a tourné. Minette a dû apprendre la loi du temps, non son poids, mais sa légèreté, la fragilité du bonheur, l'éphémère de l'amour. Pourquoi ai-je écouté les vaines promesses d'un cœur volage ? Pourquoi ai-je quitté mon cher foyer…" Et voilà comment j'ai achevé mes Mémoires, hélas. Victor, Victor…

— Ils se terminent sur un point d'interrogation, fait remarquer le lapin, ému jusqu'aux larmes. Je suis sûr que les lecteurs vont se demander comment vous allez faire pour survivre.

— J'ignore la réponse, admet Minette. C'est pourquoi mieux vaut achever sur l'inconnu…

— Mais où avez-vous trouvé la force de survivre à tant de malfaisance ?

— Je ne suis pas sûre que cette force doive encore me soutenir longtemps.

— Vos Mémoires aideront du moins à démasquer cet immonde poète gigolo. Grâce à votre livre, la police saura qu'il vit encore sous un masque chinois.

— Oh, ne croyez pas que la chose sera si facile. Car le masque est attaché à sa vraie peau. Il semble qu'il y soit parvenu par un travail magistral de M. Jinsky. Je crois savoir aussi que, grâce à ses relations secrètes avec l'ambassadeur de Chine, la Chin-Fu a obtenu de faux papiers qui présentent l'infâme Brisquet comme son frère jumeau. Je n'ai pas soif de vengeance. J'ai seulement besoin d'amour. Mots et gestes inconnus dans ce monde.

— Pourquoi, Madame ? L'ambassadrice a trouvé le bonheur à ses pieds. Ne pouvez-vous faire de même ? »

Enhardi, Victor s'agenouille devant Minette. Comprendra-t-elle ? Bien des choses les séparent. La taille de leurs oreilles, la forme de leur queue, le rythme de leurs déplacements. Mais ils ont en commun la douceur de leurs pelisses. Leurs espèces sont faites pour s'aimer et se comprendre.

Et Victor chante alors :

Il n'est pas besoin d'être pareils
Pour se comprendre à merveille
Les amis qui trompent le désespoir
Sont parfois les amis d'un soir
Ne passez pas à côté
D'un regard inconnu
Qui voudrait vous aider
Il ne reviendra plus…

L'émotion, qui s'ajoute à tant de contrariétés, a épuisé Minette, qui respire à peine.

« Je meurs…

— Que dites-vous, Madame ? demande le lapin en se relevant.

— Avant que je ne meure, je vous demande un service. Avertissez ma mère et ma sœur de mon état. Je regrette le temps où nous vivions ensemble… Elles habitent rue Monsieur-le-Prince… chez Mme Léon. Elles sont connues dans le quartier. On les appelle les Miséreuses. C'est injuste. Leur cœur est riche d'affection. Prenez cette lettre.

— Je cours, Madame. Je serai de retour dans dix minutes. Je reviens tout de suite. Je suis là.

— Oui, je vois. Mais vous me serez plus utile en facteur qu'en garde du corps.

— Si je pouvais un jour garder votre corps… »

Et déjà Victor est dans la rue en train d'accomplir sa mission, pendant que Minette gît presque sans vie sur son lit.

Mais ce serait mal connaître Lady Baby-Diamond que de croire qu'elle se contenterait de ce « presque ».

Elle discute à présent avec le médecin qui vient d'ausculter Minette :

« Elle ne va pas fort, annonce le médecin, un loup à la queue basse.

– Elle a perdu presque tous ses poils, dit l'ambassadrice. Une chatte chauve, quelle tristesse… Et ses dérèglements intestinaux… Il y en a partout sur mes tapis… Non, non, c'est un cauchemar. Il faut me débarrasser au plus vite de cette chose.

– Mais, Excellence, proteste le loup, ce n'est pas si grave. Un chagrin d'amour, ça passe. Au printemps, elle aura retrouvé le soyeux de ses poils.

– Je n'ai pas le temps d'attendre, dit la chienne avec agacement. Je ne vais pas supporter ce fantôme encore quatre mois. »

Le médecin n'a pas besoin d'explications. Mais la solution radicale que Lady Baby semble envisager n'est peut-être pas conforme à l'exercice moral de sa profession…

« Allons, allons, coupe l'ambassadrice, pour devancer les objections du médecin, les fleurs fanées, on les jette avant qu'elles ne répandent leur parfum de mort. Me suis-je fait comprendre ?

– Excellence, quand votre cœur bat, il rend un terrible son mécanique !

– Évidemment. Je suis forte, je suis increvable, j'ai un cœur d'acier ! »

Et elle chante à tue-tête :

J'ai le cœur en acier, à toute épreuve
On peut mourir devant moi sans que ça m'émeuve
On peut tuer devant moi que ça ne me fait rien
Je ne sais pas ce qu'est la pitié
Je ne sais pas ce qu'est le bien
Je ne peux pas supporter
De voir un cœur

Qui crie à l'aide
Alors je me dis qu'aux peines de cœur
Il n'est qu'un remède :
Celui d'une vraie douleur.

Le médecin comprend que le seul remède que la diablesse veut administrer à sa chatte est la mort-aux-chats. Il risquera de lui coûter très cher, ce remède. C'est le moment ou jamais de lui proposer un marché : lui faire obtenir une faveur de la reine d'Angleterre. Devenir le chirurgien en chef de la reine d'Angleterre : son rêve !

« Vous mettez la barre très haut, dit l'ambassadrice.

– Vous n'imaginez pas que je vais tuer Minette pour vos beaux yeux ?

– Vous finirez par me voir d'un autre œil. Je suis très influente. Allons, ouvrez votre serviette et donnez-moi la chose. »

Le médecin lui tend un flacon et chante avec elle :

Les chats sont comme des gigolos :
On les trouve un moment rigolos
Et puis la nouveauté s'affadit…
Et leur éclat ternit
En ne surprenant plus.
Et le moment venu
Il faut savoir changer
Avant que ne naisse la pitié.

Déjà l'ambassadrice appelle sa secrétaire, qui apparaît aussitôt.

« Le docteur va procéder à son tour de magie. Voilà ce qui va nous permettre de liquider ce vieux tas de chiffons qu'est devenue Minette. »

Elle lui tend le flacon à son tour.

« Vous voulez dire…, commence la corneille, avec embarras, mais plaisir.

– Exactement. Combien de gouttes, docteur ?

— Tout le flacon. Ce sera plus expéditif. »

La corneille hoche la tête et sort. Le loup se voit déjà dans le salon royal, éclairé par les pierres du diadème de la reine.

L'ambassadrice sonne alors son valet, le lapin Victor, qui apparaît essoufflé (car il a traversé tout Paris, souvenons-nous-en, pour apporter la lettre de Minette jusqu'au grenier où vivent sa mère et Bébé, en compagnie de Fanfounet) :

« Vous êtes de plus en plus absent…, lui reproche-t-elle. Allez donc chercher Rose-Mika. Je l'attends pour le thé.

— À onze heures du matin, Madame ? s'étonne Victor.

— On ne vous demande pas votre avis. C'est une infusion d'herbes du Kenya que Monsieur le Docteur vient de m'apporter. Cornélia la prépare à l'office. Je pense que cette infusion rare des montagnes africaines peut être profitable à Rose-Mika. Allons, ne discutez pas. »

Une infusion d'herbes du Kenya ? se demande Victor. Il y a anguille sous roche ! Et il va dans la cuisine.

Le poison, a expliqué le loup, ronge lentement la cervelle, les viscères, les os. Le corps finit par se ramollir comme un ballon dégonflé.

Il n'a pas le temps de donner plus d'explications, car, tremblante sur ses jambes, Minette arrive en soufflant :

« Je meurs.

— Tôt ou tard, c'est notre lot, petite. Tu as soif ?

— Oh, oui… à boire…

— Tu vas boire une potion exotique qui va te ravigoter… »

Victor apparaît avec deux tasses fumantes sur un plateau.

« Et que fait Cornélia ? fait la vieille chienne. C'est à elle que j'avais demandé de préparer l'infusion. Cela n'entre pas dans vos fonctions, Victor.

— Cornélia prépare votre lit pour le soir, Excellence.

— Maintenant ? Mais qui parle d'aller se coucher ?

— C'est votre idée de boire de l'infusion qui l'aura troublée, Excellence.

— C'est une journée particulière. Oh, quel parfum exquis, Docteur…

— Le parfum du paradis », dit le loup avec un fin sourire.

Que c'est drôle ! pense Lady Baby. Oui, le parfum d'un long voyage… pour l'au-delà… Minette va prendre la tasse de gauche. Mais Victor fait pivoter le plateau pour qu'elle prenne celle de droite. Lady Baby-Diamond, ne se rendant pas compte du manège, saisit l'autre tasse.

« À ta santé, petite, dit l'ambassadrice.

— Ça porte malheur de porter un toast avec du thé, non ? demande Minette.

— Tu n'as déjà guère eu de chance, petite, dit la Baby en buvant une gorgée. »

Minette boit et vacille immédiatement.

« Oh, je m'endors si vite… » soupire-t-elle.

Son soupir se transforme en berceuse :

J'entre dans le sommeil
Comme on entre dans le jour
Je quitte la veille
Comme on se sépare d'un rêve
Mon dernier séjour
Sera fait de lumière
Je demande une trêve
Aux illusions amères
Le sommeil me rendra
Ce que l'amour m'ôta :
La douceur de dormir
En cessant d'espérer.

Victor n'a pas attendu la fin de la chanson pour se retirer. Son intention est de demander de l'aide à Fanfounet, l'agent de la paix qu'a épousé Bébé et qu'il vient de rencontrer en apportant la lettre de Minette.

Lady Baby-Diamond bâille à s'en décrocher la mâchoire : Tiens, se dit-elle, c'est la première fois que je bâille à onze heures du matin. « Donnez-moi un plaid. Je vais faire un petit somme.

— Faites de beaux rêves, Excellence », dit le médecin.

Minette dort paisiblement et l'ambassadrice ronfle bruyamment.

« Elle est un peu rouillée, cette vieille machine anglaise, commente le loup. Bonsoir, Excellence. »

Il est sur le point de partir quand apparaît la corneille, affolée, chargée d'un gros sac :

« Docteur, il va falloir m'aider à débarrasser les ordures. »

Elle montre Minette endormie, d'un coup de menton.

« Je suis en retard, je ne sais pas ce qui m'est arrivé. J'ai dû recevoir une casserole sur la tête. Je me suis évanouie. Quelqu'un m'aurait-il frappée ? Mystère.

— Un cercueil sur mesure pour une rose flétrie, commente le loup.

— Les eaux de la Seine sont prêtes à se fermer sur son dernier voyage. »

CE n'est pas si sûr, car les quais de la Seine sont moins tranquilles et déserts que ne l'imagine Cornélia. Voici précisément Coco la cocotte et la grosse Lily, qu'on peut s'étonner de rencontrer dans cette pénombre où l'on distingue la silhouette de deux clochards endormis. Elles sont, Coco et Lily, dans un triste état. Elles traînent la patte lamentablement et se déhanchent en pure perte.

« On a usé les semelles de nos bottines, dit Coco.

— On a usé nos illusions, reprend Lily.

— Plus personne ne nous regarde. Les jeunes nous fuient et les vieux préfèrent la chair fraîche. Les femmes nous insultent. Les enfants nous jettent des pierres.

— Comme tu dis, y a pas d'espoir.

— Dire que j'ai refusé des bouquets. Aujourd'hui, je donnerais ma dernière plume pour qu'un gaillard m'offre un pissenlit.

— Dire que des poètes ont chanté ma beauté.

— C'est du passé. À quoi ça sert ? On ne mange pas les souvenirs.

— Je préférerais n'avoir pas de souvenirs. Je ne regretterais rien.

— Bof, moi, je ne regrette rien. Mais le problème, c'est qu'on n'a pas d'avenir, tu vois.

— Tâte mon sac, plutôt, propose Lily.

— Ben dis donc, ça pèse un enfer. Qu'est-ce que t'as fourré, là-dedans, dix kilos de maïs ? demande la cocotte.

— J'ai la solution de tous nos problèmes, Coco.

— Tu pouvais pas le dire plus tôt ?

— T'as une corde ? demande Lily.

— J'ai ma ceinture.

— File-la-moi, ordonne Lily. On touchera le fond plus vite. »

La grosse Lily sort une pierre de son sac.

« On accélérera le temps, explique-t-elle, ce gros fainéant qui nous fait souffrir. »

Cocotte comprend enfin avec horreur le dessein de sa compagne.

« Quoi ? Tu vas pas nous suicider ?

— Si tu vois autre chose, j'écoute, ma belle, répond Lily avec désenchantement. »

Elles célèbrent leur désespoir final :

Je ne suis pas la poule aux œufs d'or
On me trompe plus facilement
Que je ne trompe autrui
La source de mes tourments
Sont les hommes de la nuit
Je les trouve charmants
Et après ils m'ennuient
Ils m'offrent des trésors
Mais c'est pour me berner
Et je n'ai plus rien dans mon panier…

À quoi sert de miauler
Dès que tombe le soir
Pour un baiser volé
Qui nous remplit d'espoir ?
J'ai trop caressé
De rêves de tendresse
Et pour une caresse
J'aurais tout plaqué
Le trottoir, c'est l'école
Du dernier désamour
On a beau le savoir
On s'y colle, on s'y colle
Toujours, toujours
La même histoire.

Mais des voix venues de l'ombre signalent une présence. Les deux épaves prennent la fuite, de crainte de tomber sur des malfrats. C'est en réalité Cornélia et le médecin qui s'approchent, en transportant le sac où est enfermée la malheureuse Minette.

« Pourquoi la Baby-Diamond a-t-elle voulu qu'on se crève à la traîner jusqu'ici ? demande le loup. Il suffisait d'attendre encore quelques heures et la chatte était de la taille d'une chaussette rétrécie. C'est une vertu de mon infusion.

– Ce qu'elle m'aura fait souffrir, la garce..., dit la corneille. Je parle de Lady Baby-Diamond. Mais je suis récompensée. Elle me couvre de cadeaux... Regardez cette croix d'or et de saphirs. »

Elle lui montre une croix en joyaux, mais le médecin pousse un cri.

« Le macchabée remue...

– Mais elle n'a pas encore crevé, celle-là ? Je croyais pourtant que vous y aviez mis la dose...

– Ça, pour sa dose, elle a eu sa dose. Elle en a eu pour son grade. Je ne comprends rien.

– Foutons-la tout de suite à l'eau. Après tout, qu'elle meure noyée ou empoisonnée, on s'en balance. Le tout est qu'elle crève. »

Ils commencent à faire des mouvements de balancier pour jeter le corps à l'eau, quand Minette laisse pointer son museau hors du sac.

« Que faites-vous ? demande-t-elle.

– Rien de bon pour toi, petite, riposte sèchement la corneille.

– On te prépare ton dernier lit, ajoute le médecin. La rivière t'attend.

– Laissez-moi partir ! supplie Minette.

– Ne crains rien, répond Cornélia, c'est le grand départ. Pour arriver plus vite à bon port, n'oublie surtout pas de bien respirer. Plus vite tes poumons se rempliront d'eau, plus vite tu seras au paradis des chattes plaquées ! »

Elle est secouée d'un rire frénétique qui l'empêche de continuer. Mais Minette miaule de désespoir :

« À l'assassin ! »

Les deux bandits essaient de la faire taire, mais elle se débat violemment.

« On m'avait promis un voyage sur le fleuve de l'amour, murmure Minette. Il a été si court, ce voyage.

– On sait, chérie, on sait, dit l'atroce Cornélia. Ç'a été l'aller-retour dans la journée. Là, on te propose le long séjour. De quoi te plains-tu ?

– Je ne mérite pas cette fin », répond Minette en chantant :

Suffit-il d'écouter
La voix de l'amour
Et les vaines promesses
Pour devenir le jouet
Des crapules ?
Suffit-il d'accepter
Quelques caresses
Pour être accusée
D'être trop crédule ?
Suffit-il de rêver
De liberté
Pour être la proie
Du vent mauvais ?
Suffit-il de rêver
Qu'on est aimé
Pour sombrer dans la nuit
De l'oubli ?
Avant de quitter la dernière scène
Je vais marcher sur les eaux de la Seine.

La chanson lui a rendu ses forces. Dans un état de grande exaltation, Minette sort du sac et se dirige vers la Seine en priant, hallucinée :

« Seigneur, venez à mon secours, ayez pitié des peines de cœur d'une chatte française ! »

Elle aperçoit alors la croix au cou de Cornélia et la lui arrache.

« Mon Dieu, pitié, pitié ! Écoute mon appel. »

Cornélia ricane : Minette croit-elle aux miracles ? Mais quelle n'est pas sa stupeur d'entendre une voix qui dit :

« Le Seigneur Tout-Puissant et empli de miséricorde a entendu ton appel, Minette. »

Cornélia et le médecin poussent un cri d'épouvante. Les clochards se démasquent et bondissent. C'est Victor et le caniche Fanfounet qui arrêtent Cornélia et le médecin.

« Le Seigneur veille sur vous, Minette. Jour et nuit, dit Victor.

— Vous êtes mon ange gardien, répond Minette avec tendresse.

— Vous avez deux anges gardiens ce soir. Je vous présente Fanfounet.

— Mademoiselle, fait le beau caniche en claquant ses talons. Appelez-moi Fanfou. Je suis de la famille. Je suis le beau-frère. J'ai épousé Bébé.

— Oh, Bébé ! s'attendrit Minette. Je suis impatiente de la serrer dans mes bras !

— Avant, je dois foutre ces deux salopards au violon, précise l'agent.

— Mais c'est un horrible malentendu ! gémit la corneille. Nous accompagnions mademoiselle sur les quais pour qu'elle prenne un peu l'air. Elle avait des vapeurs.

— C'est toi qui en auras, des vapeurs, riposte vertement Fanfounet, quand tu seras à la Petite Roquette. Tu vas payer. Ce sont les risques du métier. Foi de Fanfounet, votre compte est bon, mes lascars. Tentative de chatticide caractérisé, aggravée d'empoisonnement et d'intention de noyade sur la personne de Mlle Minette, dite Rose-Mika !

— Grâce ! hurle la corneille en se débattant.

— Je lui rends sa croix, décide Minette. Elle en aura plus besoin que moi…

— Majesté, Excellence, mon Ambassadrice chérie, implore Cornélia, ma Fée, ma Lady Baby-Diamond, ne laissez pas ces monstres assombrir notre amour. Délivrez-moi ! Je veux retrouver la chaleur de votre étreinte.

— Ne te fatigue pas, elle ne t'entend pas, ma chère, lui dit Victor. En cet instant, Son Excellence Lady Baby-Diamond, Ambassadrice de sa Gracieuse Majesté, doit être à peu près aussi grande qu'une chaussette rétrécie, comme vous l'aviez élégamment annoncé, cher docteur.

— Quoi ? s'écrie Cornélia.

— Tu as très bien compris. Tu as cru empoisonner Minette et c'est ta patronne qui a bu la potion fatale. C'est moi qui t'ai assommée, chère sorcière. C'est moi qui ai flanqué sur ta caboche la poêle à crêpes. C'est moi qui ai échangé les tasses. Minette a eu droit à un léger somnifère. Pendant que la vieille carne a eu sa double ration de votre mixture. Avec un peu de chance, elle ne sera plus qu'un tas de poussière. J'espère que le vent aura la bonne idée de nous débarrasser à jamais, dans une rafale, des restes de Lady Baby-Diamond !

— Je suis veuve ! » déclame Cornélia.

Fanfounet emmène les deux prisonniers jusqu'au poste de police. Laissés seuls, Minette et Victor se regardent tendrement.

« Et maintenant, célébrons les noces…, dit Minette.

— Quelles noces ? demande ingénument Victor.

— Les nôtres, bien entendu.

— Les nôtres ?

— Et de qui d'autre ? »

Ils reprennent ensemble la chanson de Victor :

Les chats sont inconstants
Pas les lapins.
Les chats sont fragiles
Pas les lapins.
Les chats sont oublieux
Mais jamais oubliés
Pas les lapins, pas les lapins, pas les lapins !
Les lapins méritent toute confiance
Pas les chats !
Les lapins ont bonne mémoire
Pas les chats !

Les lapins ont la tête sur les épaules,
Pas les chats !
Les lapins font de bons maris
J'aurais dû croire ma maman
Elle me l'avait toujours dit
Les chats font de meilleurs a… [mants]

Minette s'arrête avant la fin du mot, en mettant la patte sur son museau, confuse.

PENDANT ce temps, dans le grenier, la vieille mère, qui a lu la lettre de sa fille, se lamente de ne pas l'avoir vue une dernière fois. Elle est toutefois vêtue avec une élégance inhabituelle, à l'orientale.

La vieillesse, c'est pas du gâteau
La pauvreté, c'est un fléau
Si je pouvais les aider
En passant de l'autre côté
Mais je voudrais une fois encore
Embrasser sur les deux joues mon trésor
Ma Minette adorée
Qui a fugué
Pour le grand monde
Ou dans les eaux profondes…

C'est le moment que choisit Miranda pour apparaître, déguisée en papillon.

« C'est moi, Miranda ! chantonne-t-elle.

– C'est le ciel qui t'envoie, toi. T'arrives juste à point.

– Je voulais vous faire une surprise pour Mardi Gras, dit la souris. Vous avez un somptueux déguisement.

– Ne bouge pas. Je reviens tout de suite. »

La mère va chercher un filet à papillons.

« Voilà, tu vas faire une excellente pastilla.

– Je ne suis pas un pigeon, proteste Miranda. Je suis une souris avec des ailes. C'est carnaval.

– Une souris ou un rat, ça m'est égal. Et puis qu'est-ce qu'un pigeon, hein ? Un rat volant.

– Je vous ordonne d'arrêter, crie Miranda. Je suis Miranda, votre amie. Je venais vous saluer. Je suis reine d'une école de rumba. Nous allons défiler rue Monsieur-le-Prince.

— À d'autres ! Tu veux te faire passer pour Miranda, peut-être, mais tu n'es qu'un sale pigeon qui finira au four. »

Elle est devenue folle, se dit Miranda en fuyant dans la pièce. On frappe à la porte. C'est la voix de Mme Léon. Miranda se précipite pour ouvrir.

« Je ne veux pas partager mon repas avec cette pauvresse, dit la mère. Qu'elle retourne à Katmandou.

— Ouvrez, insiste Mme Léon. Je suis à nouveau riche. J'ai des cadeaux pour vous. J'ai même des lunettes qui vous permettront de recouvrer la vue.

— Même si c'est un bobard, ça vaut la peine d'essayer… », dit la mère, amadouée.

Miranda ouvre. En effet, Mme Léon apparaît vêtue à l'orientale.

« Quel bonheur de vous voir enfin changée, s'exclame-t-elle. Vous êtes ravissante dans cette robe fleurie, ma chère. Permettez-moi de poser ces lunettes sur votre museau. Vous allez voir. »

Mme Léon pose les lunettes sur le museau de la mère.

« Miracle, miracle, je vois ! »

Et elle chante :

Je vois l'or, mais ne vois pas la poussière.
Je vois les trésors, mais ne vois pas la misère.
Je vois le bonheur, mais ne vois pas le mélodrame.
Je vois un palais, mais ne vois pas un grenier.
Il y a parfois des peines de cœur
Qui se transforment en joies d'amour.

« L'Orient m'a été très favorable, explique Mme Léon. Oui, c'est aux chameaux que je dois de voir d'un œil souriant l'horizon de l'avenir… Nous pourrons célébrer dignement mes noces avec le cheik Boufdaïl, importateur de chameaux d'Asie et de dromadaires du Maroc… Il attend en bas de l'escalier.

— Mais faites-le donc entrer, réplique la vieille. J'étais sur le point de préparer la tambouille. Une pastilla. »

Elle se tourne vers Miranda :

« Enlève tes plumes, toi. »

Mais, avec ses lunettes, la vieille, voyant mieux, reconnaît Miranda :

« Ah, c'est toi, ma meilleure amie ! Et dire que je voulais te bouffer encore une fois. La vie est un éternel recommencement.

— Surtout que j'ai changé de cap, dit Miranda. Vous m'avez connue à l'Armée du Salut chez les Sœurs du Sacrifice. Maintenant, je suis à la tête de l'École nationale de rumba de la République française. Je vous pardonne. Je suis votre copine à jamais.

— Ça me fait chaud au cœur…, répond la mère.

— Moi aussi, intervient Mme Léon, je voudrais vous embrasser. Je sais combien vous avez souffert dans ce grenier. J'ai dû, sans doute, vous paraître parfois un peu légère. Mais maintenant, tout va changer. C'est moi qui vous ai envoyé cette robe et les robes pour vos filles. Je voulais que tout le monde soit magnifiquement habillé pour les retrouvailles.

— Alors, le carnaval, demande la mère, c'était ça, la famille réunie ?

— Permettez-moi de laisser entrer Mlle Rose-Mika ou Minette, si vous préférez.

— Pour moi, ce sera toujours Minette. »

La maîtresse ouvre la porte. Minette apparaît, somptueusement vêtue elle aussi à l'orientale. Elle se précipite aux pieds de sa mère.

« Pardon, ma mère ! s'écrie Minette. Je considère le monde d'un autre œil. Les flatteries n'ont qu'un temps. Celui du pouvoir dans lequel on croit tenir autrui sur une illusion. Je ne suis pas la reine de beauté de Lady Baby-Diamond, l'ambassadrice d'Angleterre en France. Je l'ai été. Aujourd'hui, je suis votre fille.

— Sauf la dernière phrase, fait observer la mère, ta sœur m'avait tout lu dans tes Mémoires. Mais je garde le dernier mot. Tu es ma fille.

– Mademoiselle Bébé, la sœur… » annonce Mme Léon.

Bébé et Minette se précipitent dans les bras l'une de l'autre.

« Ma chère sœur… dit Bébé. Nous nous sommes perdues dans ce labyrinthe qu'est Paris. Combien de fois j'ai cherché ton regard dans les visages crispés et fermés que je croisais.

– Nous avons enfin trouvé l'issue du dédale. Je sens ton cœur battre contre le mien.

– Permets-moi de te présenter le père de mes enfants, que tu as connu comme gardien de la paix.

– Oui, fais entrer mon sauveur ! »

Fanfounet entre en poussant un landau rempli de chatons et de chiots.

« Voici vos neveux et vos nièces, annonce le caniche. J'ai voulu offrir aux toits de Paris une marmaille qui dialoguera avec les étoiles.

– Cher beau-frère, réplique Minette, avec vos enfants, c'est l'avenir que vous déployez devant moi. Permettez-moi maintenant d'appeler mon mari.

– Son mari ? demandent à l'unisson Fanfounet, Bébé, Miranda, Mme Léon et la vieille.

– Parfaitement, j'ai épousé mon fidèle Victor.

– Un lapin ? fait Bébé avec une grimace.

– Nous étions faits l'un pour l'autre, explique Minette. Victor ! »

Victor entre, poussant un landau plein de chatons et de lapins.

« Déjà mère ? soupire la mère.

– Avec les lapins, ça va plus vite ! » dit Minette.

La réunion ne serait pas complète sans une voix qui se fait entendre. C'est Chin-Fu qui, dans la rue, chante une petite chanson dont on perçoit les échos lointains :

Vérité ou mensonge
…………… importe
……………… le songe
… ouvre …… portes.

..............toujours
...........là ?
..............l'amour
Préfère ......pas.

Tous sont interloqués et finissent par l'applaudir. Bébé se rapproche de sa sœur :

« Quoi ? Tu l'applaudis aussi ?

– Oui, je lui pardonne. »

Mais il manque encore quelqu'un. Un Chinois s'approche de Minette et lui souffle à l'oreille :

« Sur scène, elle a du talent, il faut le reconnaître. Mais c'est autre chose en coulisse... Je n'étais pas fait pour cette vie exotique...

– Je vous ai reconnu, Monsieur, dit sèchement Minette. Vous n'avez pas masqué votre voix... C'est ce qui vous est resté...

– Je voudrais bien savoir si je suis mort ou vivant, chère Minette.

– Je pourrais poser la même question, Monsieur Brisquet, mais je crois qu'il n'y a pas une grande différence. On est mort pour les autres, guère pour soi. Alors qui sait jamais ?

– Je ne saurai pas si tu es dans mon rêve ou si je suis dans ton rêve.

– Retourne là-bas, dans le monde des illusions, ordonne Minette, laisse-moi tranquille. Depuis que tu avais disparu, je m'étais habituée à ton souvenir. Les fantômes me suffisent. »

Fanfounet s'approche et dévisage Brisquet sous son masque.

« C'est lui, la canaille, le séducteur !

– Brisquet ! s'écrie toute l'assistance.

– Il n'était pas mort ? demande la mère.

– Oui, il l'était et il ne l'était pas, explique Bébé.

– Tiens, ça, c'est marrant..., dit la mère. Comment c'est, de l'autre côté ? Je vais y aller bientôt, je crois...

– C'est-à-dire que... commence Brisquet.

– Tu sais, maman, explique confusément Minette, l'assas-

sinat, tout ça, c'est une invention de cet *imbroglione* de Balzac.

– Sauf moi, Chin-Fu, intervient la Chinoise. Et d'ailleurs, Chin-Fu s'en fout. »

Il n'y avait plus qu'une absence que soudain conjure l'apparition de la merveilleuse Beauty, la poupée de neige.

« Moi, je ne m'en fous pas, dit la souveraine des cœurs. Même dans la fiction, j'ai aimé, j'ai souffert. Je comprends Minette.

– Merci, Beauty, répond Minette, tu seras toujours mon idole.

– Qui est-ce, celle-là ? demande la mère.

– Peu de chose, répond Chin-Fu. Peu de chose.

– Je vous aime encore, Minette, murmure Brisquet.

– Trop tard, Brisquet ! Je t'ai déjà rangé dans la malle aux souvenirs. »

Elle lui montre les bébés lapins-chatons et Victor, débordé par leurs cris.

« Maman, maman, maman ! Papa, papa, papa ! » hurlent-ils tous.

Chin-Fu prend Brisquet par le bras pour l'entraîner hors du grenier :

« Viens, chéri. Il faut reprendre le chemin des ombres, suis-moi.

– Allez, Brisquet, lui conseille Beauty, vas-y, tu l'as mérité. »

Pendant que Brisquet et Chin-Fu s'éloignent non sans mélancolie, la famille tout entière des chats et des lapins reprend avec Beauty la chanson de la vedette chinoise.

Vérité ou mensonge
Peu importe
Puisque c'est le songe
Qui ouvre toutes les portes.
À quoi sert-il de toujours
Dire ce qui est là ?
Quand on sait que l'amour
Préfère ce qui n'est pas.

Mais Minette s'isole. Beauty l'aperçoit alors et lui met une patte sur l'épaule. Toutes deux regardent au loin la silhouette de Brisquet qui disparaît, puis, se tournant vers nous, semblent nous dire, à nous, lecteurs invisibles qui les avons accompagnées depuis le début de cette histoire, dans leurs drames et leurs joies, comme dans un rêve, d'une seule voix :

La joie en famille n'a qu'un temps.
Nous qui sommes des bêtes de scène
Ou des bêtes tout simplement
Nous rêvons de sortir nos griffes
Pour déchirer les apparences,
Derrière la porte du grenier,
Il y a quelqu'un qui nous attend.
C'est lui qui fait battre nos cœurs.
Souhaitons à chacun de vous
D'avoir en douce cet ami.

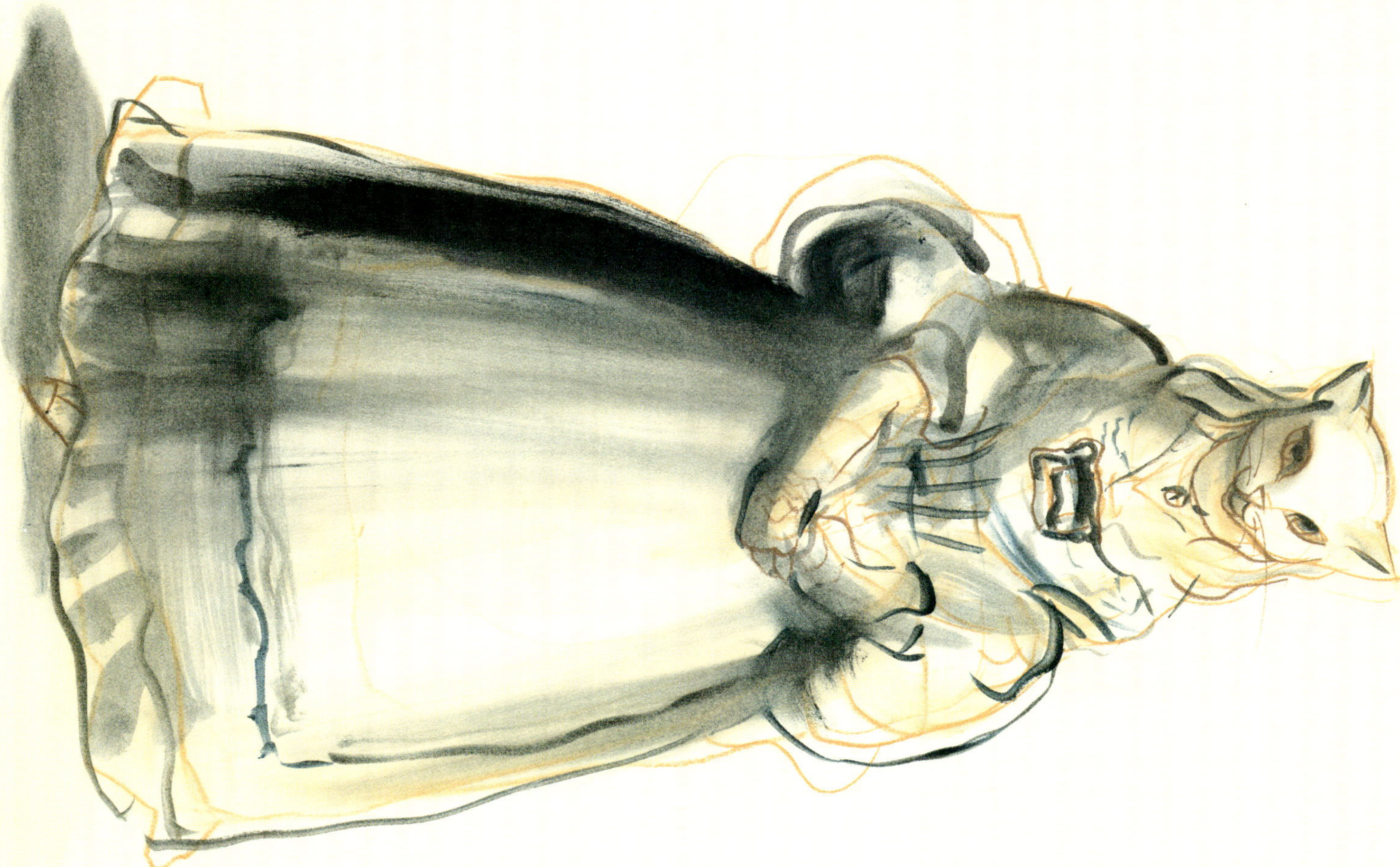

Ce roman accompagne la création du spectacle musical *Peines de cœur d'une chatte française* d'Alfredo Arias et René de Ceccatty, à la Maison de la Culture Espace 44 de Nantes le 29 septembre 1999 et à la Maison de la Culture MC 93 de Bobigny le 3 décembre 1999. Une coproduction : MC 93 Bobigny / TSE / Teatro di Genova / Teatro Stabile di Torino / Maison de la Culture de Loire-Atlantique / Festival di Palermo / Festival d'Automne à Paris.

Mise en scène : Alfredo Arias et Marilú Marini
Assistante : Antonia Pingitore
Décors : Roberto Plate
Costumes : Chloe Obolensky
Masques : Erhard Stiefel
Musique : Arturo Annecchino
Direction musicale : Luigi De Filippi
Son : Dominique Chalhoub
Lumières : Pascal Chassan
Accessoires : Larry Hager

Avec : Gaia Aprea (Minette), Laurent Ban (Victor, le grillon, Puck), Gabriella Bonavera (Beauty, la cigogne), Melania Giglio (Chin-Fu, Lily, la chienne), Antonio Interlandi (Brisquet, le médecin, le coucou), Murielle Lantignac (Miranda, le canard), Solange Milhaud (Madame Léon, la cochonne), Ariane Pirie (Lady Baby-Diamond), Emmanuelle Rivière (Bébé, le rat), Jocelyne Sand (la mère, la lionne, Cocotte), Vartoch' (Fanfounet, Balzac, Jinsky, le directeur du théâtre chinois, l'éléphant), Debora Zuin (Cornélia).

Des mêmes auteurs

Aux éditions du Seuil
Le Père Noël du siècle, 1996

Aux éditions Actes Sud-Papiers
Faust Argentin, 1997
Aimer sa mère (collectif), 1998

D'Alfredo Arias

Aux éditions du Seuil
Folies-fantômes, 1997

Dans la même collection

Histoire d'une mouette et du chat qui lui apprit à voler,
texte de Luis Sepúlveda, illustré par Miles Hyman, 1996

Le Petit Frère tombé du ciel,
texte de Jostein Gaarder, illustré par Gabriella Giandelli, 1997

La Femme qui a tué les poissons,
texte de Clarice Lispector, illustré par Gabriella Giandelli, 1997

Les Dits de Maître Shonglang,
texte de Henri Gougaud, illustré par Marol, 1997

Le Démon des maths,
texte de Hans Magnus Enzensberger,
illustré par Rotraut Susanne Berner, 1998

Contes de la forêt vierge,
texte de Horacio Quiroga, illustré par Loustal, 1998

Charivari,
texte de Hortense Dufour, illustré par Blutch, 1998

Aninatou,
texte de Clotilde Bernos, illustré par Laura Rosano, 1999

Le Monde du bout du monde,
texte de Luis Sepúlveda, illustré par Lorenzo Mattotti, 1999

Ta Lou qui t'aime,
texte de Élisabeth Brami, illustré par Béatrice Poncelet, 1999

Tobie et l'ange,
texte de Susanna Tamaro, illustré par Gabriella Giandelli, 1999

Les Sept Voyages de Pierre,
texte de Hans Magnus Enzensberger, illustré par Blutch, 1999

Les Habits du fantôme,
texte de Michel Chaillou, photos de François Delebecque, 1999

Quand Shlemiel s'en fut à Varsovie,
texte de Isaac Bashevis Singer, illustré par François Roca, 1999

Achevé d'imprimer sur les presses

de l'imprimerie Castuera

en août 1999